人際管理三部曲(3)
主動聆聽
Active Listening

溝通的主導權，
掌握在聆聽者手上

アクティブ・リスニング
ビジネスに役立つ傾聴術

戶田久實——著
謝如欣——譯

晨星出版

作者序

「已經約好一對一面談的時間，但不知道該怎麼聽，該聽什麼。」

「不同世代的人在想什麼，我都不知道。」

「要怎麼和價值觀不同的人溝通？」

你是否也有過類似這樣的疑問呢？

關於溝通的煩惱，可說是沒完沒了。每天都有各式各樣的人來找我諮詢。這三十年間，我一直透過研習，向超過二十五萬人傳授「互相理解的溝通」。在溝通的歧異中，有些情形能馬上處理，有些情形需要耐心來磨合，也有些主題本身就很棘手。

拿起本書的你，想必也爲了「人」的問題在煩惱吧。

能爲對話中衍生的諸多問題提供解決的，就是本書的主題Active Listening。

Active Listening直譯爲「主動聆聽」。以下是我對此的定義：

● 能透過各種表現，讓對方知道自己正在聆聽。
● 能在聆聽時正確了解對方要表達的意思，適時透過提問引出對話，並且對內容表達接納和同感。

爲什麼主動聆聽會被視爲現代人的必備能力？

這是因爲每個人都有「希望別人聆聽自己說話，理解自己的想法，對自己表示同感」的欲求。

因此人們對於願意聽自己說話的人，會產生信任與好感。

若想建立更良好的人際關係，除了用對方理解的方式說話外，如何聆聽對方說話也非常重要。

這幾年，應該有很多人都實際體會到價值觀的多樣化。

當價值觀和意見分歧的人齊聚一堂時，要如何溝通才能弭平歧異，變得愈來愈重要。

所以跟以往相比，現在更注重要一邊聆聽對方說話，一邊了解差異，消除誤會，還要不斷累積這方面的實踐經驗。

尤其是近年來，有更多組織爲了傾聽下屬的意見，開始安排一對一面談的時間，讓聆聽力的重要性更受到關注。

這時應該避免的，是在寶貴的交談過程中產生誤解，或是因偏見對別人妄下定論。在長年接觸許多人的溝通煩惱後，我發現每個世代中都有人煩惱：

「如果能好好聆聽對方說話，引導對話，就不會產生誤解了……」

類似這樣的問題，可說是不在少數。

例如所謂「Z世代都會這樣」的世代特徵，其實不一定這世代的人都有。如果能好好聆聽對方的感受和想法，就能防止因刻板印象而引發的糾紛。

避免因溝通不足而引發的糾紛，是管理階層不可或缺的必備技能。

而且溝通的主導權，其實是掌握在「聆聽」的一方。

能實踐主動聆聽的人，會讓對方感覺「這個人有認眞聽我說話」，更容易產生好感，建立信任關係。

這樣一來，不但能打聽到各式各樣的情報，人際關係也能更圓融。

不僅如此，如果鍛練聆聽力，達到能整理對方說話內容，歸納出重點的程度，自然就能培養出說話更有條理的能力。

如果會主動聆聽的人增加，不論於公於私都能讓紛爭降到最低，建立能保障心安全感的環境和人際關係。

但願本書能在這方面助各位一臂之力。

二〇二三年九月

戶田久實

#《主動聆聽》目錄

第2章 主動聆聽的基礎

第4章 在職場中活用主動聆聽 131

第5章 在私生活中活用主動聆聽 193

第1章

何謂主動聆聽？

1 爲何現代人需要「聆聽力」？

聆聽力是溝通時不可或缺，讓人際關係更圓融的技能

我在「作者序」中也提過，在聆聽別人說話時，表現出讓說話者知道你正在聽的態度，就是「主動聆聽」。

現在社會上普遍要求我們要理解對方的話，聆聽時要表達同感，並且用開放式的問題引導對方開口。一旦養成主動聆聽的習慣，就能和對方互相理解，建立起信任關係。

近年來，價值觀愈來愈多元。在這種前提下，若想弭平雙方價值觀的差異，「說」的技巧固然重要，「聽」的能力也不可或缺。

要在組織中營造心理安全感，聆聽職涯、職位、立場不同的人說話，就成了必要的元素。

主動聆聽是每個人必備的技能

無法主動聆聽的人，其實比你想的要多。

當我上憤怒管理（如何巧妙地處理憤怒的心理訓練）的研習時，常有學員說，在聽到和自己不同的意見時，會感到煩躁、憤怒，無法敞開心胸聽對方說話。

你又是如何呢？是不是也曾經否定對方的發言，講到對方啞口無言，或是拼命主張自己的意見才正確，設法駁倒對方呢？

我長年擔任研習講師和企業顧問。爲了對方不聽自己說話，或是對話沒交集而找我諮詢的人，可說是絡繹不絕。

「跟上司面談時，上司都不聽我講話。」

「對方都不把話聽清楚，只顧著自己講自己的。」

懷著這種不滿和壓力的人非常多。

另一方面，由於新冠疫情影響，遠距工作的情況增加，同事之間僅在需要報告、聯絡、磋商時，才會進行最低限度的溝通。這導致愈來愈多主管在下屬有煩惱時，都無法充分地聆聽。

對於有下屬的管理階層來說，主動聆聽更是必備的技能。

當然不只管理階層，在某些場合中，下屬也需要主動聆聽。

例如在職場收到指示，卻只聽到上司表面的意思時，有些下屬即使感到疑惑：

「爲什麼要下這種指示？」

「這個組織的做法是這樣嗎？」

他們也不會向上司提問。

我聽過有人就因爲沒弄懂上司的意旨，直接執行，結果惹出麻煩。

「都怪上司沒有把全部內容解釋清楚。」

雖然也有人會這麼回報，但既然有疑問，就該引導上司繼續說明，進行確認，所以沒主動提問的下屬也有責任。

這種主動聆聽的技能，在引出對方的話進行確認時，也能派上用場。在營造職場安全感，讓業務順利進展時，也可以說是必備的能力。

2　溝通的主導權，掌握在聆聽者手上

溝通順暢的秘訣，在於聆聽時讓對方樂於開口

溝通原本應該是雙向的，很多人卻只偏重表達技巧和論述能力。

但其實溝通的主導權，掌握在聆聽者的手上。

如果對方毫無反應，採取三緘其口的態度，或是邊聽邊忙其他事情，就算我們口才再好，也無法讓對話成立。

所以要讓對話順暢進行，就必須在聆聽時用恰當的方式附和，使

對方樂於開口。

反過來說，就算是口才不好的人，只要在聆聽時展現讓對方樂於開口的態度，或利用提問製造讓對方開口的機會，也能順利地進行雙向對話。

邊聽邊做出反應，讓對方樂意開口的做法，會大大左右溝通的進展。

單方面的對話，會給對方感覺不舒服

說話者想掌握主導權時，很可能會採取只顧著說自己想說的話，完全不聽對方說話的溝通模式。

但如此一來，對方可能會覺得：

「我的話語權被拿走了。」

「他只是單方面地把意見強壓在我身上。」

請回顧自己在說話時做過的事。

你是否也曾單方面地說自己想說的話，要對方了解自己的目的，以此掌控溝通的過程呢？採取單方面的溝通，會讓聆聽者感到不適和疑惑，產生不小的壓力。

這會導致雙方到最後仍無法達成共識，得出結論。想當然爾，不管是組織還是計畫，都不可能進展順利。想讓事情順利進展，就必須培養聆聽力，也就是主動聆聽的能力。

3 溝通中要達到的「聆聽」目標是什麼？

想理解對方，就從聆聽開始

我們在溝通中要達成的目標，就是讓對方覺得「這個人有專心聽

建議使用主動聆聽的情況

- 必須達成某種妥協的場合。
- 必須尋求解決之道的場合。
- 要和別人進行交涉的場合。

我說話，有努力想了解我，也能接納我的情緒」。

這是讓雙向溝通更順利進行的秘訣。

在職場中，當上司和下屬進行一對一面談，或是下屬找上司商量事情時，雙方可能在意見或想法方面發生衝突。尤其在以下的場合裡，更需要發揮主動聆聽的能力。

- 必須達成某種妥協的場合。
- 必須尋求解決之道的場合。
- 要和別人進行交涉的場合。

日本自古以來有句俗話：「有話好說。」（話せばわかる）但即使「有話好說」，也不能拚命只說自己想說的話。我們更該聆聽對方有什麼想法、意見和價值觀，探究對方的心理背景。

不聽對方的話，就無法深入了解對方。交談時互相聆聽，互相理解，就能建立起信任關係，產生良好的互動。

4 在私生活中，也需要聆聽力

關係愈親密，愈要意識到聆聽力

常有人為了配偶或親子間的溝通來諮詢時，向我抱怨「對方都不聽我說話」。或許是因為關係親近，更會為對方「看似在聽，實則沒聽」的態度感到不滿。在研習時，我也常聽到男性求助說：

「工作完都已經很累了，回家還得被迫聽一堆沒興趣的事。」

由此可知，拼命努力聽對方說話，是非常耗費精力的行爲。

你是不是也曾隨意對待身邊的人，忍不住用不耐煩的態度說：

「我很累，不要講那些我沒興趣的事。」

「要特地停下手邊的事附和你也很麻煩。」

如果你有想到，就代表聆聽對方說話的精力正在減少。

如果一直這樣交流下去，雙方的關係最終可能瓦解。說話者會感到寂寞、空虛、孤獨，有時甚至會發怒。

反省自己聆聽的態度是否敷衍

諮詢時，我經常聽到當事人對配偶表示不滿。

「他都沒在聽。」

「他都不了解我。」

「結果他什麼都不懂。」

諸如此類的例子，可說不勝枚舉，有人甚至還動了離婚的念頭。就算不到這種程度，想必你也應該聽過類似的不滿。

我們面對關係愈親近的人，愈會顯露希望對方了解自己的期待。

「我喜歡這個人，想跟他打好關係。」

當我們有這種想法時，體內會湧出能量，促使我們努力聆聽對方的話。但很多人在建立關係後，卻反而開始疏於聆聽。

就連這麼提醒各位的我，也會在工作時對丈夫說：

「我現在很忙，待會再說。」

不然就是「邊做邊聽」。我也曾爲此反省。不過，即使聽的態度變敷衍，只要有自覺並加以改善，就不會有大礙。總之，絕不能對自己聆聽的態度渾然不覺，不知改善，放任對方的負面情緒不斷累積。一定要避免才行。

先了解什麼情形等於沒有在聽

我前面提過，很多人會不自覺地隨便對待身邊的人，容易用敷衍的態度聽對方說話，所以我也建議各位要了解自己什麼時候不會把話聽進去。

溝通能力高的人，會先了解自己在什麼時候，進行什麼樣的溝通，以及是否會表達自我，有什麼傾向和習慣。換句話說，就是要有自知之明。畢竟要改善無意識的行爲很困難，所以先了解、注意自己平時以什麼方式聆聽，什麼時候不會把話聽進去，是非常重要的。

研習時，當我問學員：

「你們覺得自己什麼時候不會把話聽進去？」

通常會得到以下答案：

● 親近的人說話時。

- 內容是重複聽了很多次的話時。
- 內容冗長，沒完沒了時。
- 內容是沒有興趣的事時。
- 討厭的人說話時。
- 劈頭就反對自己的意見時。
- 內心失去從容時（忙碌，感到煩惱、焦慮等）。
- 身體不舒服時。

雖然每個人的習性不盡相同，但只要先了解自己，就能提醒自己：

「這種時候更要注意聽才行……」

這樣會更容易切換到聆聽的模式。

5 有聆聽力，就能察覺到對方的求救訊號

察覺對方發出的訊號，給予支援

在工作上，你不可能隨時都有心力好好聽對方說話。

舉例來說，如果你沒發現下屬為工作煩惱，發出「請聽我說」的訊號，可能某天下屬就會突然遞出辭呈，或訴說自己的精神出了問題。

每次發生這種情形時，有不少上司都會後悔自責：

「當時我怎麼沒注意到呢？」

「他來找我商量時，為什麼我不好好聽他說呢？」

但平時有刻意主動聆聽的話，自然就會察覺到對方的異狀。

如果對方正在認眞煩惱某件事，就算當下無法馬上回應求助訊號，錯過良機，但只要問對方：

「抱歉，你剛才有事想告訴我吧。」

或許也能幫到一部份的人。總之在上司和下屬之間，

「你爲什麼不早點說？」

「因爲當時情況不方便，讓我很難開口……」

最好要避免發生以上的認知差異。

6 聆聽力，是表達力的基礎

聆聽力和表達力，都能靠訓練強化

聽不懂別人的話，無法整理對話內容的人，連自己想說的話也會缺乏條理。

一邊聆聽，一邊在腦中歸納「這個人想表達的是這個意思」，再向第三者報告或分享資訊，在工作中是必要的流程。

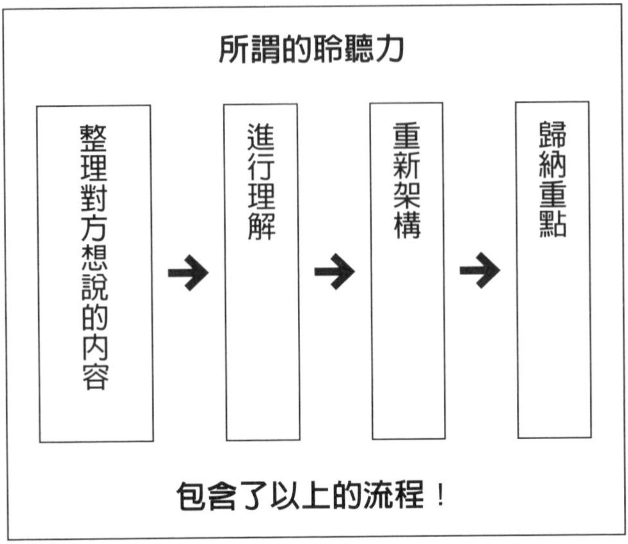
所謂的聆聽力
整理對方想說的內容
進行理解
重新架構
歸納重點
包含了以上的流程！

對別人的話進行歸納和轉述時，也需要「聆聽力」。

不擅長報告的人，通常也不太會歸納和敘述自己的想法。

「爲了進行簡報時能有更好的表現，我想鍛鍊自己的表達能力。」

「我想讓自己說話更有條理。」

諮詢時，我常遇到上述的要求。然而，除了鍛鍊表達能力外，養成聆聽力，在說話的同時努力專心聽別人說話，也是不可或缺的。

聆聽時整理對方想傳達的內容，進行理解，重新架構，歸納重點……包含以上步驟的「聆聽力」，也是需要鍛煉的能力。

整理和了解別人的話，以及整理自己的話，兩者都會用到相同的能力。所以只要鍛鍊聆聽力，也能順便提升表達能力。

想當辯論高手，就不能缺少聆聽力

我曾在以辯論爲主題的研習中擔任辯論比賽的評審。我對這次經驗最直接的感想，就是擅長辯論的人不但口才好，聆聽力也更出色。他們會有條理地鋪陳自己的論點，也擅長聆聽對方的論述，並視情況提出自己的想法或反駁。

很久以前，我聽過一個關於嬰兒語言能力發展的論點。

如果家人和周遭的人都努力對嬰兒說話，嬰兒就會提早開始說話。但若是嬰兒被丟著不管，鮮少有人對他說話，語言能力的發展就會變遲緩。

「早安。」「感覺很舒服吧。」「尿布濕了嗎？」

聽別人說話的機會愈多，愈能鍛鍊嬰兒的語言能力。

長大成人後也一樣，愈常聆聽別人說話，愈能培養表達能力。若想鍛鍊語言能力，從長大後開始也不嫌遲。

聆聽各種人說話，接觸各種表現方式，就能累積聆聽力。

辯論時，有人發言會離題。這是因爲他們滿腦子想著如何鋪陳自己的論點，而沒有認眞聆聽對方的話。

辯論需要先聽進對方的說法，再闡述自己的論調，所以透過鍛鍊聆聽力，應該也能更快提升辯論能力。

7 聆聽力是讓自己成長的捷徑

當有人努力聆聽我們說話時，心理機制會發揮作用，讓我們不僅會告訴對方必要的建議，還想告訴對方更多訊息及重點。

尤其當你是身邊沒人指導，很多事都做不了的職場新鮮人，以及剛轉職、調職來的員工時，更可以利用主動聆聽的技巧，從別人身上獲取更多資訊。

當你要向周圍的人打聽情報，比如被分發到的職場環境如何，做些什麼工作，平日有哪些業務，自己該怎麼做才好，都可以活用主動聆聽，展現虛心求教的態度，讓周遭的人更樂於分享。

聆聽力的高低，會使收集情報的方式出現巨大差異。

「這個人有在聽我說話，我想幫助他。」

「這個人對工作的態度很積極，我想多關照他一點。」

請以成爲讓大家這麼想的人爲目標，試著鍛鍊聆聽力吧。

雖然在網路上也能搜尋到很多資訊，但收集唯有實際在現場工作的人才知道的情報，也非常重要。對指導方來說，要是從下屬的反應看不出有沒有認眞在聽，同樣會萌生不安，開始擔心下屬聽不懂自己的意思。

像這樣同時意識到指導者的觀點，更有助於培養聆聽力。

8 善於聆聽的人，會受到喜愛

「傾聽是愛意的最高表現。」

這是大約二十年前，我在心理學的講座上聽到的話。

隨著雙方的關係不同，愛意的表現方式也千差萬別。

「好喜歡你。」

「你就是〇〇這一點好。」

像這樣把重視對方的心情說出口，也是表達愛意的方式之一。另外，做出讓對方樂於開口的回應，把每句話都聽到最後，偶爾體恤對方的心情，表示同感，有時就能成爲愛意的最高表現。

事實上，遭到忽視的經驗，以及說話沒人聽的孤獨感，對精神的確有不好的影響。

反過來說，若是認眞聆聽，就能給說話者心靈上的支持，覺得自己受到重視。這也是一種愛意的表達方式。

正因爲這是透過無意識傳達的方式，許多人對於會仔細聆聽自己說話的人，心中都會產生「乾脆對這個人說說看」、「想跟這個人保持聯絡」的念頭。

由此可知，即使是口才不好或無法積極對話的人，只要好好磨練聆聽力，就足以贏得別人的喜愛。

9 懂得聆聽的職場，能帶給員工心理安全感

互相聆聽，是打造安全環境的關鍵

心理安全感要達成的目標之一，就是讓地位、資歷和想法不同的人也能進行有建設性的討論。

若想實現這個目標，無論誰說話都有人願意聆聽的環境，是不可或缺的一環。

在無人願意傾聽，意見遭掩蓋，被否定的環境中，心理安全感無法成立。坦率地表達自己的意見和建議，說出「我不知道」，是不可省略的溝通過程。

不要劈頭就否定對方，批判對方，也不要遮遮掩掩，而是去建立能互相聆聽的關係。只要累積這樣的努力，就能在團隊和組織中一步步打造出理想的環境。

要在組織中營造心理安全感時，上司必須做的事

擔任主管的人，在聆聽資歷尚淺，或是價值觀和想法不同的人說話時，必須展現出包容的態度。

若僅憑自己經驗較多，資歷較深，就堅信自己的想法更正確，就容易在雙方意見相左時打岔說「不，這樣不對」，或表現得不耐煩，以至於無法聽進對方的話。

也有很多人會以「這樣做比較好」為由，表面上看似給建議，實際上是強迫推銷自己的意見。

如果要消除這樣的情況，必須由上司以身作則，刻意去聆聽地位較低，資歷較淺的人說話。

畢竟層級愈高的人愈忙碌，必須更快下決定，解決問題，所以有很多上司都會說：

「如果要找我表達意見或商量事情，希望能長話短說。」

以前有某間大企業的經理級人物，來諮詢關於溝通的問題。他連在跟我交談的過程中，也總是連珠炮般急匆匆地說：

「好，好，好，我知道，我知道，我知道。」

加上當事人也表示：

「身旁的人常對我說：『○○先生都沒在聽人說話。』」

所以我就直白地提醒當事人，這種回應方式會讓人很難說下去。

對方聽了後，是這麼回答的：

「咦！我是這麼附和的嗎？自己一點感覺也沒有。可能是因爲平常就刻意加快做事的速度，所以連附和的速度也變快了……」

你會不會也像他一樣，在聆聽時不自覺地採取讓對方很難開口的態度呢？

上司和下屬的溝通可能會受氣氛影響，陷入負循環

人在忙碌時，如果遇到對方是邊想邊說的情況，也容易表現出不耐煩的樣子。

當下屬主動找你說話時，你有沒有說過以下的話呢？

「快說。」

「講重點，到底是什麼事？」

聽到這種回應，下屬會失去說話的動力。

根據那些語帶催促的上司表示，他們是因爲必須在有限的時間內聽完，才會希望跟下屬的對話能更簡潔，更快達到目的。

當人愈忙碌，愈需要盡快下決定時，就愈容易想：

「重點是什麼？」

帶著這個想法聆聽，會醞釀出讓對方更難開口的氛圍。

如果每個人說話都能條理分明，簡潔扼要，當然是最理想的，不過現實中有很多人都做不到這一點。

一旦對下屬施壓，對方說話會更結巴，陷入難以對話的惡性循環。所以不管我們再怎麼忙碌，有兩句話都是大忌。

「重點是什麼？」

「然後呢？」

尤其是出自有地位，有權勢的人口中時，帶來的壓力會更大，一定要小心才行。

順帶一提，關於剛才舉例的那個人，我給的建議是：

「就算再忙，回答時也要放慢速度。」

我要他以一半的速度慢慢回應。聽說實踐後，下屬的反應也出現變化。

面對孩子時，也適用這個道理。每次大人一忙起來，就會忍不住說：

「什麼？什麼？」

如果大人不斷用這種方式回應，孩子可能會以放棄的態度回答：

「算了，沒什麼。」

所以無論再怎麼忙，都要記得別催促對方。

另外，對於講話太沒條理的人，必須請對方自我訓練。

「你先仔細想一想，把內容整理好，再來跟我說。」

你可以這樣提醒對方，順便給予如何統整內容的建議。

總之，要牢記「彼此彼此」的心情，善用主動聆聽的技巧吧。

10 刻意的忽視，等同職權騷擾

衝動之下說出傷害對方的話，把自己的意見強壓在別人身上，或是用情緒化的言語讓對方閉嘴，都是有攻擊性的自我表現。

但你可知道，除了上述行為外，其實無視別人也屬於有攻擊性的自我表現嗎？故意不聽對方說話，露骨地無視對方，會給對方造成很大的傷害。

在勞動厚生省對職權騷擾的定義中，「忽視對方，集體孤立對方」也包含在內。

忽視也屬於職權騷擾。

有人會在對方表達意見時，將視線刻意移開，甚至若無其事地說：

「夠了，等下再說。」

「說夠了沒，你的話我不想聽。」

自己不經意的行爲，很可能會傷害對方的心，成爲職權騷擾，一定要留心才行。

本章重點

何謂主動聆聽？

- 讓說話者知道「我有在聽」的聆聽方式。
- 必須理解對方的話，適時表示同感，也要具備透過開放式問題，引導對方開口的提問能力。

上司和下屬都需要主動聆聽。

- 要聆聽下屬的煩惱和真心話。
- 有疑問，就要問上司。
- 在營造職場的心理安全感時，這也是必備條件。

主動聆聽對什麼情況有效？

- 必須達成某種妥協的場合。
- 必須尋求解決之道的場合。
- 要和別人進行交涉的場合。

聆聽力是表達能力的基礎

- 無法整理別人說話內容的人，也不會整理自己的話。
- 邊聽邊整理對方想表達的意思，對內容進行理解、重組和歸納的過程，可以磨練「聆聽力」。

第2章

主動聆聽的基礎

1　要採取讓對方容易開口的態度

在態度上，是否讓對方難以開口？

沒注意到自己用什麼態度聆聽的人，其實多得驚人。

我曾在各式各樣的職場進行過溝通研習。上課時，我特地請學員思考和討論用哪種態度會讓人難以開口。後來大家舉了很多例子，包括雙手抱胸、撐著臉頰、癱靠在椅背上，眼神迴避，不停抖腳，轉筆等令人煩躁的態度，以及邊看電腦或資料邊聽的「分心動作」。

但對於這些不好的例子，幾乎沒人敢保證說：

「我平常絕不會用這種態度！」

畢竟每個人心裡多少都有底吧。

另外在網路上，人們其實比想像中更容易暴露自己聆聽時的表現。

很多人會特別注意自己說話的態度和表情，但對於自己聽別人說話時的態度和表情渾然不覺的人，也是多得驚人。

- 攤靠在椅背上。
- 明明沒做筆記，卻一直低頭。
- 臉只有半邊出現在畫面上。
- 眼睛閉著，像在睡覺。
- 眉頭緊皺，表情猙獰。
- 看似在分心做其他事。
- 講電話。

遺憾的是，真的有人會出現以上的態度。

所以如果會在畫面上露臉，最好先檢查一下自己聆聽時看起來如何。

聆聽者的表現在網路上也會被看得一清二楚

以前在某家企業的講座上，有個看似在打瞌睡的學員竟然說：

「我聽得很入神。」

收到這樣的感想，眞讓我跌破眼鏡。

在線上研習裡授課，或是以學員身分參加時，我看過有人邊刷牙邊聽，有人化妝，也有人拿著電腦直接進廁所……當然這些例子並不常見，但也證明了漫不經心的人眞的很多。

我想那些用不符合常識的態度聆聽的人，應該都沒有站在說話者的立場想過吧。

我常聽人說，擔任發言人或講師的經驗愈多，愈了解在講話時看著每個人，以及聆聽的方式會帶來莫大的影響，因此在自己成爲聽衆時，也會特別留心。

在參加一些場合時，常常當聆聽者的人會更意識到聆聽的表情和態度，對說話者的影響有多大。

2　說話者喜歡的附和及討厭的附和，兩者有何差別？

用細心的態度附和，會讓說話者感到安心

細心的附和，有促使對方說下去的效果。

附和時，除了回「是」、「好」以外，也可以配合說話的內容，重複和確認對方的重點。比如說：

- 「關於這次的計畫，有個新的提案。」→「有新的提案啊。」
- 「幾天前我收到客戶〇〇的投訴，想跟您商量一下。」→「想商量客戶的投訴？好啊。」

像這樣用關鍵字回應，對方就會明白「這個人有收到正確的訊息」，可以放心地說下去。

此外，當對方提及自己的感情、心情時，一定要帶著同理心回應。例如：

●「最近□□這件事讓我很困擾。我已經煩惱好幾天了。」↓「那還眞的很讓人困擾呢。你一定很難受吧……」

●「有個好消息！我終於拿到訂單，做出成果了。」↓「太好了！那眞是令人高興。」

當然除了表示同感外，也要配合對方說話的內容，用適當的語氣和表情回應。

能感受對方的心情，表示同感的附和，更容易讓對方覺得「這個人了解我的心情」，具有縮短內心距離的效果。

最好多準備幾種附和方式，視情況靈活運用。

除此之外，爲了讓對方覺得你有在聽，你可以回應：

「原來發生了那樣的事啊。」

「是因爲○○，所以才會這樣啊。」

使用強調有接收到訊息，或再次確認的附和方式，也能給對方帶來安心感。

你的附和是否讓對方以為你沒在聽，害你被討厭？

有受人喜愛的附和，自然也有被人討厭的附和。例如：

- 過於頻繁，像在催促的附和。

交談時對方會喜歡／討厭的附和方式

○	×
●重複關鍵字 「關於這次的計畫，有個新的提案。」 → 「有新的提案啊。」	**●過於頻繁，像在催促的附和** 「嗯嗯嗯。」「然後呢？」
●認同對方的心情 「我終於拿到訂單了！！」 → 「太好了！那真是令人高興。」	**●聽起來興致缺缺的附和** 「嗯——」「哦——」「啊，是喔。」「是這樣嗎？」
	●重複單調的附和 「是、是、是。」

●總是回「嗯——」、「哦——」、「啊」、「是喔」，聽似興致缺缺的附和。

●只會回答「是、是、是」，重複單調的附和。

不僅如此，如果經常重複「嘿啊」、「真的假的？」，對方會產生不安，甚至開始懷疑：「這個人真的有聽懂嗎？」

還有回答「然後呢？」會

令對方感到不快，要避免使用。由於這些大多是無意識的行爲，最好平時就要注意自己的附和方式。

3 你是不是「裝成有同感的樣子」？

負面的情緒，會因為認同獲得緩解

如果想展現同理心，在聆聽對方說話時，就要體貼對方的心情。這很重要，尤其是對方想商量事情，或傾訴自己的煩惱和困擾時，與其提出建議或解決辦法，倒不如對對方的話表示同感。

當對方的情緒愈負面，我們愈要刻意表示共鳴。

「這個人了解我的心情，會體恤我的感受。」

只要讓對方有這種感覺，即使問題沒有解決，至少他的內心也能得到療癒。

或許就是因爲如此，社會上才需要諮商心理師這種工作。如果聆聽者能表示同感，當事人就能透過述說獲得治療，感到滿足和安心。

只是照本宣科，不等於「有同感」

要表現得讓對方明白自己有同感，其實並非易事。

若是對自己不曾體驗過的事，或是覺得「不可能發生」、「跟自己的想法差太多」的事，要有同感又更難了。

但有些人只是理智上知道有同感很重要，說出來的話卻不是發自內心。

「那樣很辛苦呢。」

「你一定很困擾吧。」

「讓您感到不快，眞是萬分抱歉。」

這些像是拿使用手冊照本宣科，「裝作有同感」的回應，反而會讓說話者更煩躁。

前些日子，我發現有人疑似盜刷我一大筆錢，就聯絡信用卡公司。

「您一定很困擾吧。」

聽到對方照本宣科的單調回應，我心情反而更糟。要表達同理心，不是空口說白話就好。

這樣的「有同感」不就失去原本的意義，變得虛有其表了嗎？

尤其講電話時看不到影像，少了視覺資訊，聽覺就變得更敏銳。從說話的聲調和語氣，就能感受到「他現在是不是很忙？」、「該不會是剛醒來吧？」、「是遇到什麼好事嗎？心情似乎不錯」之類的情緒。你是否也有過即使看不到對方，也能大概猜到對方是什麼狀況的經驗呢？

跟面對面相比，在電話中更講究要以什麼心態回應對方。

為了明確地表現出「我也有同感」，一定要站在對方的立場，全神貫注地聆聽。就連以聆聽為工作的人也都說「要表達共感很難」，可見這絕非易事。

大約二十幾年前，我在課堂上學到一句話：「所謂的『聽』，正如『聽』的漢字一樣，要用到十四個心和耳朵，光看就知道有多麼費神了。」

只靠語詞和語尾裝成有同感的樣子，會很容易被對方識破。快趁現在反省一下自己是不是眞的有同感吧。

4 聆聽時，要展現關注的態度

你有過自己對話題完全沒興趣，對方卻拼命找你講話的經驗嗎？如果是對方覺得重要的內容，為了促進彼此的關係，還是帶著好奇心聽下去吧。事實上，也有自己本以為不會對某話題有興趣，但聽著聽著卻覺得挺有意思的情況發生。

所以不要從一開始就排斥接觸，拒對方於千里之外。

以前我和某位女士一起吃飯時，談到猩猩的話題。起初我還覺得索然無味，直到講到「公猩猩會熱心地協助育兒」的部分時，話題就發展成猩猩和人類在育兒上的差異，聊得十分盡興。後來我還忍不住自行搜尋猩猩的生態。

即使是一開始沒興趣的話題，在聆聽的過程中，也經常會獲得新的觀點和發現。

5 就算沒有共通話題，光是傾聽也能相談甚歡

交談時，有人會為了「必須尋找共通話題」而焦慮，但其實共通

話題並非必需。

就算沒什麼共通話題和主題，只要像前面聊猩猩時一樣帶著好奇心聽下去，到最後也可能相談甚歡。

「那是怎麼回事？」

「那是什麼意思？」

只要像這樣一直聆聽下去，對方就能暢所欲言。

在對話時抱著好奇心，當成未知的事物來聆聽，雙方自然就能聊得愉快。

6 不要帶著先入爲主的觀念聆聽

說話者想傳達的訊息，聆聽者有確實收到嗎？

在一場主題爲憤怒管理的研習上，有個學員問我以下的問題：

「其實我以前也上過憤怒管理的研習。當時我問講師：『如果對方情緒上來對我發火，我該怎麼辦才好？』對方斬釘截鐵地回答：『憤怒管理是管理自己的情緒，無法用來處理別人的憤怒。』請問您也會這麼回答嗎？」

我就反問他以下的問題：

「我的答案，應該不是你想聽的。你很煩惱該怎麼處理才好，對吧？可以說說當有人對你發火時，你有什麼感覺，還有想怎麼做呢？」

對方聽了，就這樣陳述他的心情：

「當對方情緒上來，對我發火時，我完全不知所措，只覺得自己束手無策，不能爲對方做點什麼，實在很沒用，心中充滿了無力感和空虛感。」

你是否也曾在聽到對方開口的瞬間，就馬上回答：「啊，這是常有的問題」、「又是這方面的問題」，卻不問清楚對方發問的用意呢？

這裡要注意的重點，就是別帶著先入爲主的觀念聽對方說話。

聆聽前，先注意自己是否有先入為主的觀念

在聽到對方的問題，是不知該如何應付別人情緒化的怒火後，我就說：

「原來你是因爲有這種感覺，才會這麼問啊。不過對方的感情是屬於他們的，就算我們想爲他們的憤怒做點什麼，有時也無能爲力。所以我能透過憤怒管理教你的，是如何不受對方的情緒影響，以及用同理心去感受對方的情緒。這樣你可以接受嗎？」

聽了我的提議後，對方就表示心情輕鬆不少，感覺神清氣爽。

當聽到別人說自己聽過的事情時，我們常會覺得「啊，又來了」，急著告訴對方如何解決。然而剛才的案例告訴我們，即使是乍聽之下很類似的問題，也很有可能跟自己以往回答過的截然不同。

放下先入爲主的觀念，巧妙地引導對方開口，仔細聆聽，就能讓這樣的誤會愈來愈少。

我本身在接受採訪時，也曾想過：「怎麼又問這種問題？」但這種時候更要注意，別太快下定論，以爲「對方八成是想知道這個」。

聽到同樣的內容時，千萬不要先入爲主，擅自主張「這個就要這樣」、「那個就要那樣」。

把話徹底聽完，才能了解對方話中眞正的含意。請試著透過聆聽，從對方的內心深處引出眞正的想法吧。

7 聆聽時，要把自己的意見先擱在一旁

聽對方說話時，切勿抽換成自己的話

當聽到自己有興趣和關注的話題，或是對方和你有一樣的困擾時，你會採取什麼態度呢？

例如聽到有人說：

「〇〇類型的客人非常難應付，眞傷腦筋。」

如果這時你自顧自地說：

「我也是！遇到那種磁場不合的客人，眞的很困擾……」

就會在不知不覺中搶了對方的話。即使這話題對你來說很應景，對方也可能會想：

「我本來是希望你聽我說的……」

爲了不讓對方感覺不舒服，還是要多留意才行。

尤其是對方來找你商量時，要先把自己的想法擱在一旁，專心地聆聽對方，用以下的方式回應。

「原來發生了這樣的事啊。情況到底是如何呢？」

「喔喔，這樣啊，原來是這麼一回事。」

即使要提到自己的事，也只需輕描淡寫地說：

「嗯，這種事我也遇過。」

如果想和對方討論自己的事，最好等對方說完，確定時間還充裕，再告訴對方：

「其實，我最近也遇到同樣的問題。」

但要注意的是，不能對方只講了十分之一的內容，你卻長篇大論起來，導致說話者和聆聽者的角色完全顚倒。

總之，一定要先聽完對方的說法，並且牢記自己是接受諮詢的一方，不能反客爲主。

配合對話的場合，改變說話的方式

如果是進行辯論，當然要言語交鋒，但在主動聆聽時，基本上還是先以理解對方的話，引導出對方想表達的意思爲主。

「我也有同樣的經驗。」

「如果是我，我會這麼想。」

至於自己的意見，最好留到對方講完後再說。

我發現有愈來愈多企業，都要求我針對管理階層以上的員工，舉辦以一對一面談爲主題的研習。會出現這種現象的背景，是因爲一對一面談大多是用來「向下屬問話」。

「跟客戶來往時，有沒有遇到問題？」

「工作的進度如何？」

但面談到最後，常會像這樣淪爲上司打聽想要的情報的工具。如果不想讓難得的對話機會單方面結束，上司和下屬都必須具備聆聽力。

是否成了只聽自己想聽的話的時間？

某家企業的經理來進行諮詢，表示和下屬一對一面談都不太順利。因爲主旨是績效面談，所以他問了以下的問題：

「你設定的目標值達成多少了？」

「你說只達到五成，那主要的原因是什麼？」

「可以更具體地說明那些原因嗎？」

「那你今後想擬定什麼計畫？」

「那個計畫有達成的可能嗎？可以具體說明一下嗎？」

但下屬的回答讓他不滿意，於是他就說：

「只聽到這些，我沒辦法做績效評估哦。」

沒想到下屬聽了後，竟然回答：

「……這樣的話，我也無能爲力……」

這位經理事後覺得不太舒服，而且以後還是得面談，所以想來了解有哪些地方要注意。於是我就陪他一起檢視過程。

經過回顧後，他發現這次面談成了上司為了獲得滿意的回答，而一味地盤問下屬的時間。

至於下屬有什麼想法，有沒有遇到困難，以及未達成預期成果的背後，是否有什麼原因或隱情，他都一概不知。

這代表他沒有好好聽下屬說話。像這樣在不知不覺間，把一對一面談變成只用來滿足自身需求的時間，可以說是常有的事，所以我們一定要記得這也是屬於對方的時間，必須仔細聆聽對方的話才行。

8 不要馬上給建議

對方有時只是希望你聽他說

在接受諮詢時，其實不一定得給出建議。

有時對方只是希望有人聽他們說話，結果我們卻自以爲是地建議：

「那這麼做如何？」

「這麼做比較好。」

像這樣發表個人高見的例子，可說是不勝枚舉。

這種問題在男女間、配偶間也是經常出現。

如果只是希望有人聽，聽者卻在過程中一直下指導棋，說者可能會抗議道：

「我明明沒要求你這樣做……」

結果雙方就這樣產生嫌隙。

更糟的是，如果我們給出這樣的建議：

「是不是因爲沒有這個？」

「是不是因爲沒做到那個？」

有時對方聽起來反而像在挑毛病。

還有太長的建議也會變成說教，要特別當心。

尤其是想到什麼就馬上開口的人，會在別人講到一半時打斷對方，開始講自己的話。但畢竟大多數的人還是希望對方把話聽到最後，所以要記得耐著性子聽完哦。

叫對方的名字，可以阻止對方說下去

另一方面，也有對方太長舌，如連珠炮般停不下來的情形。作爲聆聽者，總是想避免又臭又長的對話。遇到這種人時，我會叫對方的名字。例如：

「○○先生，爲了要正確理解你的話，可以讓我先確認一遍嗎？」

「原來○○女士想說的是這個啊。我可以整理一下內容嗎？」

叫了對方的名字後，對方大多會把注意力轉移到我們身上。

下次你也可以試試先別說「等一下」，而是改成說：

「○○先生（女士），不好意思。」

另外還有一個重點，就是必須先強調這是爲了正確理解內容，才能打斷對方的話。

當對方尋求建議時，必須注意的地方

在講座和研習上，有不少講師都會對以下這些人感到困惑。

- 問題冗長，讓上課流程不得不暫停的人。
- 在十分鐘的休息時間裡拼命提問的人。
- 講座的主辦人已開始收拾，卻依然喋喋不休的人。

還有人不會觀察四周的情況，連後面有人在等也不在乎。

遇到這些類型的人時，講師必須先中斷對方的行為。

如果研習後還有剩餘時間，我會建議對方：

「抱歉，現在是休息中，時間有限，先到這裡爲止。等講座結束後，請你再說一次給我聽，好嗎？」

如果已經必須離開或關閉會場，時間所剩無幾時，我就會替對話收尾：

「抱歉，根據您剛才所說的，我已經了解是○○方面的問題，但等下因爲□□，我必須先離開。今天就先到這裡好嗎？眞的非常抱歉。」

雖然我是舉講座爲例，但在工作和私事上，這個策略也同樣適用。

例如你可以說：

「我接下來還有事，想約〇點後再來聽你說，可以嗎？」

像這樣改約其他時間，也不失為一種方法。

9 不要害怕沉默

也有人是需要沉默的

你是會在意沉默的類型嗎？

有些人在和別人互動時，即使沒說話的「空檔」只有數秒，也會耿耿於懷，對沉默過度厭惡。

在腦中檢視、感受、理解想法時產生「空檔」，我認為是必要的。畢竟不是每個人的頭腦都很靈活，若腦中一片混亂，對話也很難持續下去。

另一方面，在等待對方的「空檔」時，如果太盯著對方的臉看，有時會讓對方覺得很有壓迫感。

尤其當我們的年齡和地位較高時，更容易讓對方膽怯，所以要注意別太注視對方。

陷入沉默時，是對方冷靜下來深入思考的時間。

只要對方看起來很自在，就不要打斷這個重要的時間。你可以平均等個五秒左右。但如果對方看起來無話可說，表情困窘，就要主動跟對方說話。多做幾次後，就能靠經驗來拿捏了。

觀察對方，判斷是否要保持沉默

剛成爲上司不久的人，不太習慣開會的人，在別人面前容易怯場的人，都會對沉默感到恐懼。這些人一遇到沉默的時間，就會突然用催促的語氣說：

「什麼？」

不受對方影響
創造對話的步調
講話慢的人
配合對方的呼吸開口
性子急，
講話節奏快的人
說話要比對方慢一點。
最好中途整理對話的重點，
以便周圍的人能跟上。

「怎麼了？」或是插入意見和建議，一定要多加留意。記得要好好觀察對方，不要開口說沒必要的話。

聆聽時，要配合對方說話的步調

配合對方說話的步調，也是重點之一。

例如，擔任顧問或接受諮詢時，最好盡量配合對方的步調。

如果是講話慢條斯理的

人，就配合對方的呼吸開口。

相反地，也有人生性急躁，說話節奏快。

跟這類型的人說話時，要刻意把對話的步調調慢一點。用比對方慢一點的節奏說話，是最理想的。

要是不調整對話的速度，後來會愈說愈快。為了冷靜地進行對話，請把步調減慢半拍看看。

例如，在一群人說話的場合，像是開會，如果主持人說話節奏快，其他人往往會跟不上他的步調。

這時候，會議引導師（Facilitator）會針對說話太快的人，用較緩慢的語調說：

「〇〇先生，你的意見是△△吧。」

「這件事很需要和大家分享，麻煩你再說一遍。」

這樣就能重塑整體的對話步調。除了上述的情形外，基本上都是儘量配合對方的步調。

配合對方的步調，能讓說話者更容易開口。

遇上說話快的人，只要刻意放慢速度，就能防止對話流於表面。

但如果拖得太慢，也可能讓對方失去耐性，所以一定要拿捏調整的力道。

10　接受諮詢時，若覺得「已經談不下去」，就乾脆重來

當對話一直陷在死胡同，看不到出口，不妨先告一段落

我常常遇過在立場上、內容上牽扯到憤怒的諮詢案例。

在這些案例中，有當事人說話總是鬼打牆，看不到出口。

比如說，我會邊聆聽邊問對方：

「你要不要這麼想想看？」

「這原本該怎麼做比較好？」

這些明明都是很有建設性的問題，但不少人總會回答：

「可是……」

然後又繞到原點，繼續糾結。

所以，當有人來找你商量事情，但你聽到後來卻覺得「這眞的無解」時，不妨就用以下的藉口離開現場。

「不好意思，我◯分鐘後要開會，得先離開。」

「我們改天再繼續聊，好嗎？」

畢竟再講下去也無濟於事，只會讓對方的情緒愈來愈激動。

當我們感覺再談下去對雙方都不好時，用「啊，對了……」來打斷對方，再找個理由結束對話，也不失爲一種選項。

不必犧牲自己，也不必為對方奉獻太多

即使你有「想盡量聽對方說」的心意，也不必犧牲自己勉強聽下去。不惜讓自己受到傷害也要聽，根本不值得。

也有人服務精神旺盛，覺得一定要為對方做些什麼，結果就被那些煩惱的人牽著鼻子走。

請捨棄「中途打斷對方很不好意思，一定要奉陪到底」的觀念。這種伴隨著自我犧牲的奉獻，是沒必要的。

我自己也一樣。當我在心中「舉手投降」時，也會這樣做。

本章重點

☑ 讓人不喜歡的「聆聽態度」有哪些？

- 癱靠在椅背上。
- 一直往下看。
- 臉只有半邊出現在畫面上。
- 眼睛閉著，像在睡覺。
- 眉頭緊皺，表情猙獰。
- 看似在分心做其他事。
- 講電話。

☑ 說話者喜歡及討厭的附和之間差異

◎先複誦對方話裡的重點，進行確認後，再做回應。

◎對說話者的感情表示同感。

×過於頻繁，像在催促的附和。

×總是回答「嗯——」、「哦——」、「啊」、「是喔」，感覺興致缺缺的附和。

×只會回答「是、是、是」，重複單調的附和。

☑ 不要帶著先入為主的觀念聆聽

- 先入為主地認定「這問題很常見」、「又是這方面的問題」，不聽對方說完。
- 從對方的話中，確實地汲取真正的含意。

第3章

實踐主動聆聽

1 邊觀察，邊聆聽

不漏看對方的每個反應，詳加確認

對方的反應，有時不會符合我們的期待。

這是我最近經常會遇到的諮詢問題。比如說，遇到剛休完產假或育嬰假，上班時間較短的人，爲了不給對方增加負擔，就善意提醒對方：

「可以不必勉強做更多工作。」

「這個會議要加班開，可以不用參加。」

結果對方非但沒說「謝謝」，還露出非常微妙的表情。凡是看到對方臉色一沉，把頭壓低，視線不肯交會，就是警訊。這時你不能視而不見，而是要進一步詢問對方：

「有什麼地方讓你在意嗎？」

「你的表情看起來有點變化，是想到了什麼嗎？」

有時善意會無法順利傳達

如果擔心增加對方的負擔而有所顧忌，有時會招來反效果。

「這是要把我排除在外？」

「我其實是想做那個的。難道休完育嬰假上班時間短，就不能做嗎？」

「我變成大家的負擔了……」

對方像這樣過度解讀，心生不滿的例子，可以說不在少數。

近年來，社會上提倡多樣化的工作方式。

有人會對為了育兒或照護，必須縮短工時的員工說：

「你不參與也沒關係。」

乍聽之下像是為對方好，但這種判斷其實並不恰當。

想找到符合對方希望的答案，聆聽力還是不可或缺。

前些日子，有位在某企業擔任主管的女士對我說：

「正因爲現在是價値觀和想法多元化的時代，更不能單憑個人的定見就妄下判斷。幸好當時我有向本人確認！」

後來她分享了以下的故事。

這位女士在二個月前，雇用了一名有相關資歷的女性下屬。這位下屬有兩個小孩，分別是五歲和三歲。女主管看她的孩子很年幼，猜想她要出差應該很困難。不過後來她還是決定先跟下屬確認再說。

「〇〇，妳應該不方便出差吧？」

這位女主管問了下屬，沒想到對方卻說：

「咦？不會啊。您不用擔心。我反而很想去呢。像前幾天那樣臨時叫我去是有困難，不過這次是預定二週後才出發，所以沒問題。」

這故事對我來說也是一個契機，讓我開始反省自己是不是也有不跟對方確認，就單憑成見妄下判斷的毛病。

如果開始以爲自己不被需要，溝通方式就會產生變化，像是反應比平常遲鈍，不願意找人商量……等等。

尤其在職場中，萬一錯過對方一開始發出的警訊，很可能等自己回過神時，對方就已經一蹶不振，甚至決定辭職。像這樣的案例也非常多。

爲了避免這種情況發生，當你覺得「不太對勁」時，一定要記得仔細確認對方有什麼感覺，以及對方希望你怎麼做。

一邊觀察對方，一邊互通心意

如果溝通時只是虛應故事，對方的心會離我們愈來愈遠。爲了不讓事情演變到無可挽回的地步，我們一定要深入觀察對方，處處留心，在誤會尚小的階段就及時發現。

溝通的目的不僅在於聽對方說話，更必須引出對方眞正的想法，讓彼此心意相通。

聆聽，是溝通的手段之一。

2 傾聽能訓練歸納能力

一邊整理對方的話，一邊引出對方的話

有時我們會遇到說話不斷離題，連本人也不知道自己在說什麼的人。面對這種人時，聽者必須掌握主導權，用以下的附和一邊整理對話內容，一邊引導對方開口。

「之前你說了這些。」

「我這樣理解，應該沒錯吧？」

只要我們提問：

「你剛剛是想知道這件事嗎？」

對方應該多少也會回答：

「沒錯，就是那件事！」

一邊聆聽對方的話，一邊歸納出對方最想傳達的訊息，最想知道的重點，就是主動聆聽的方式。

這樣的能力，正是主動聆聽。

不要隨便轉換對方的表達方式

幫對方整理說話內容時的重點，在於儘量不要改變對方的表達方式。有些人會透過自己的思考濾鏡，去變換對方使用的語詞。

例如研習的學員說：

「順利地表達憤怒時，感覺就像把內心的想法吐露出來。」

而講師聽到後，轉換成另一種說法：

「也就是說，這麼做能讓你一吐爲快吧。」

但對方用的是「把內心的想法吐露出來」，並非「一吐爲快」。

在這個實際發生過的案例中，後來學員果不其然回答：

「不，沒到那種程度……」

而一旦對方開始想：

「我沒有說得那麼誇張。」

「我不是這個意思。」

心靈的交流將無法成立。

所以，我們一定要十分注意語詞的置換。

認真聆聽，能奠定歸納能力的基礎

當你認真地聆聽對方說話，試圖理解對方說話的內容，引出對方眞正想傳達的訊息時，你會漸漸地抓到重點，在腦中重組對方眞正的想法。

這跟把對方的話一字不漏地記起來，原封不動地說一次，是不一樣的。

用關鍵字掌握對方想說的事，在溝通時非常有用。在認眞聆聽別人說話的過程中，應該能自然地養成歸納能力才對。

不過，正確掌握對方說過的話非常重要。

「總之就是這麼回事吧。」

「就是那麼一回事吧。」

若是像上述這樣，透過自己的濾鏡置換語詞，混入個人的主觀想法，可能會讓內容愈來愈偏頗，必須格外小心。

捕捉正確的字詞，是回饋時的必須事項

在給予回饋時，也必須正確地聆聽對方的話。

我時常在研習中實際進行角色扮演。許多學員都表示，藉由角色扮演實際演練事例，可以讓個人的課題、發言和對應方式的傾向更明確，在遇到實際狀況時也更容易實踐。

若想讓角色扮演的效果更好，適當的回饋是必要的。透過回饋，可以在角色扮演時，一邊對演練者的發言和台詞進行確認，一邊給對方建議。

比如說，

「我認爲○○先生說的□□這句話，若改成△△，對方應該會更容易明白。你覺得呢？」

但這時如果你用對方沒說過的話，沒用過的表現法給予回饋，對方會回答：

「不，我沒這麼說過（沒用過這些詞）。」

這樣一來，就無法說進對方的心坎。

在職場上也一樣。當你面對別人的發言時，若想給予以下的回饋：

「我覺得你可以對客戶說□□，這樣對方會更容易接受。」

「對董事做報告時，最好別說□□，以免失禮。」

這時正確地聆聽也很重要，因爲這樣才能正確地掌握對方的說話內容，互相磨合，最後給出建議。

3 不要一邊聽，一邊想自己要說什麼

要專心聽對方說話的內容

對方在說話時，不論如何都一定要專心聆聽。

話雖如此，如果會議中快輪到自己發言時，我們通常會思考等下要說什麼，再次翻看手上的資料，不太會把心思放在說話者身上。

此外，若長時間聽別人說話，也會忍不住開始分心，去想其他的事。

我在研習中點名某位學員，請他發表意見時，對方也會說：「啊，抱歉，我一時恍神沒聽到。請問您是問什麼……」這樣的反應，我已經遇過不只一兩次了。

要長時間專心聽別人說話，是需要精力的。

當我們必須專心聆聽時，建議最好是打開專注開關，刻意去想「要聆聽！」「要專心！」

不必刻意問引人側目的問題

有些人會爲了炒熱現場氣氛，博取衆人目光，而故意說些無厘頭的話。不過當你突然問莫名其妙的問題時，被問的那一方可能會困惑地想：

「你到底在說什麼……？」

不然就是大吃一驚，以至於無法談更深入的內容。

如果想談得更深入，與其故意問引人側目的問題，倒不如去貼近對方的內心，進行主動聆聽，這樣更能從對方口中聽到深入的內容。

4　在一對一的場合聆聽，跟在團體中有何不同？

如果是一對一的場合，要配合對方的步調和語調，來調整聆聽的態度。尤其是在線上互動時，更要記得盡量把視線對準攝影機的鏡頭。

可能是受到攝影機的位置影響，有些人在線上聽別人說話時，眼睛都完全沒看著對方。

也有人雖然會點頭附和，但由於鏡頭只拍到側面，對方無法看到他們用什麼表情聆聽。

這樣可能會讓某些人感到不安。

我在網路上和人互動時，會在主要電腦旁再放一台紀錄用的電腦。

但螢幕另一頭的人看不到那台電腦，因此我會先知會對方：

「我會用這邊（右手邊）的電腦做紀錄，有時必須看向這邊，所以我要先聲明一下，以免有人懷疑我爲何有時看旁邊。」

若是擔任會議引導師，更必須綜觀全局，做到面面俱到，才不至於遺漏任何需要提問和觀察的地方。

5　聆聽藏在堅持背後的隱情

每個人都有各自的「應該」

在憤怒管理中，憤怒被定義為無法守住自己的「應該」時產生的感情。所謂的「應該」，象徵理想、願望、期待，以及無法妥協的價值觀。每個人都有各式各樣的「應該」，比如「應該遵守約好的時間」、「失敗或犯錯時，應該先道歉」等等。

不過每個人重視的「應該」也不盡相同。自己不太在意的事，可能對某個人的重要度非常高。

所以面對「應該〇〇」時，去聆聽對方的說法，了解對方為何如此堅持，甚至感到憤怒，也是非常重要的事。總之，當我們接觸和自己不同的價值觀時，

「咦？就為了這種事？」

千萬要小心別說出這樣的話。

背後有隱情的「應該」，可能會引發怒火

在某一場憤怒管理研習中，參加者分享各種會引發怒火的「應該」，並針對其中重要度較高的情況進行討論。討論時，大家先各自舉出可能成爲憤怒導火線的「應該」，再以五等級標示重要度（5是最重要，1是最不重要）。

當時有位學員A女士（四十幾歲，女性）說：

「『邊走路邊用手機』是最重要的。每次看到有人邊走邊用手機，我就會怒火中燒。」

她發表完後，該小組的其他成員紛紛表示：

「走路時用手機的確不應該，不過是陌生人的話，只要避開就

好，不必這麼在意吧……」

「這件事的重要度有那麼高嗎？」

A女士聽到這些回饋，不但表情愈來愈僵硬，甚至用吼的回答：

「為什麼？對我來說，邊走邊用手機就是不可原諒！」

我見狀立刻介入討論，問A女士：

「要重視哪個『應該』，往往因人而異。不介意的話，可以說說為何妳會如此重視呢？」

經過詢問後我才知道，原來在幾年前，她曾被邊走邊用手機的人碰撞，彈飛到路上，結果遭到車子撞擊，差點在這場意外中丟掉性命。

是因為這場事故，

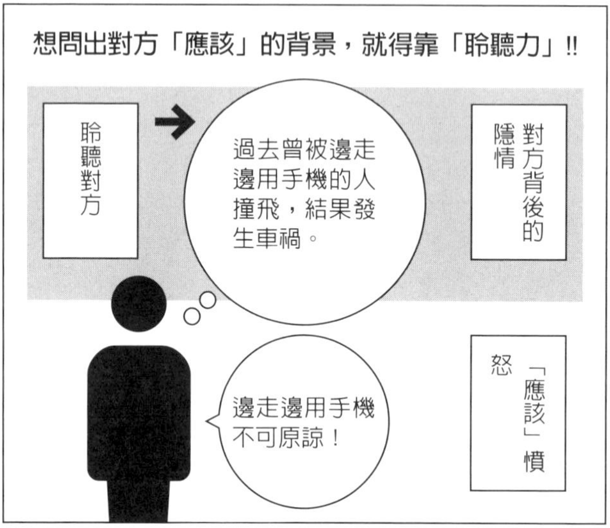
想問出對方「應該」的背景，就得靠「聆聽力」!!
聆聽對方
過去曾被邊走邊用手機的人撞飛，結果發生車禍。
對方背後的隱情
邊走邊用手機不可原諒！
「應該」憤怒

● 她每次看到有人邊走邊用手機，就會想起那場車禍，產生無法原諒的心情。

● 想到要是有人遇到和她一樣的不幸，一定會很困擾，就會忍不住怒火中燒。

才導致她抱持以上的想法。

如果沒有像這樣聆聽藏在背後的隱情，就不知道她爲何生這麼大的氣。所以，請不要只以自己的經驗為基準，擅自認為：

「這沒什麼大不了的。」

另外，如果不小心說：

「為什麼要為這種事生氣？」

可能會讓對方感到不快。

畢竟每個人的堅持背後，都隱藏著各式各樣的經驗和想法。

不論是在工作場合，或是私生活中，都是同樣的道理。

所以為了理解背景，我們必須具備能引導對方開口的「聆聽力」。

認同對方的「堅持」，有助於互相了解

在前面提到的關於邊走邊用手機的討論中，其他學員聽完後也表示：

「這樣啊，原來妳遇過這種事，難怪會這麼堅持。」

「這對○○女士來說，的確是重要的『應該』。」

「竟然有這麼離譜的事，眞是不敢想像。抱歉剛才那麼說。」

看到大家紛紛道歉，A女士也因爲得到周遭的理解而稍微冷靜下來，現場的氣氛也變了。

理解對方的價值觀，也能拓展自己的價值觀

對方爲何對那個「應該」如此執著，甚至感到憤怒呢？

我再重申一次，一定要針對這個點仔細聆聽。

爲何對方如此看重，去了解箇中緣由非常重要。

如果除了對方的價值觀外，還能進一步得知價值觀背後的來由和背景，就能更了解對方，讓對方像A女士一樣產生「有人理解我」的安心感，對這個場合的心理安全感也會提高。

另外，聆聽者也會了解到「原來對這件事要這麼看待」，進而擴展自己的判斷基準和價值觀。

面對一直氣個沒完，抱怨不休的人時，也是同樣的道理。

當對方翻出很久以前的舊帳，藉故發脾氣說：

「對了，你當時有說過這樣的話吧？（做過這樣的事吧？）」

你應該也會覺得「爲什麼還放不下那件事？」、「幹嘛爲那麼久以前的事生氣……」、「有夠煩的……」吧。

然而，要是我們這時不假思索地說：

「竟然說我煩，太過分了！」

「你根本不知道這有多麼重要！」

對方就會更激動，最後鬧到不歡而散……

要對什麼生氣，要氣到什麼程度，都是因人而異。

就算事情已經過去，如果無法將生氣的理由，以及希望對方了解的部分傳達給對方，有些當事人就會一直耿耿於懷，餘怒難消。

尤其是面對身邊的人時，

「是嗎？原來這件事對你這麼重要啊。」

不妨像這樣去接納他們，聆聽他們吧。

6 試著貫徹二十四小時聆聽

對方的反應，會隨著自己改變

在憤怒管理的訓練中，有一項是「二十四小時act calm」。act是行動，calm是平靜。換言之，就是「二十四小時心平氣和」的行動。

要做的事很簡單，就是二十四小時內不管發生什麼事，內心萌生什麼感情，都要徹底保持平靜，撐過這二十四小時。

從試過的人口中，我得到以下的感想：

「採取平靜的態度後，來找我說話的人都一臉平靜，話也比平常多」，偶爾還有職場的同事問：『你今天是不是遇到什麼好事？』」

「沒想到只是改變自己的行為，竟然能讓對方的反應產生如此大的變化。經過這次後，我終於察覺到自己平時臉有多臭，態度有多不耐煩了。」

你可以趁機回顧一下，看看自己平常有沒有表現出「容易攀談」、「會聽人說話」的態度。

請務必嘗試一天，感受跟平常的差異吧。

你遠比自己想的更沒在聽

把「二十四小時心平氣和」改成「聆聽一整天」來實行，也值得推薦。

我自己也試過一整天只聽對方說話，結果發現自己面對說話冗長的人時，會忍不住想說：「總之就是這個意思吧？」聽到對方講以前講過的內容，也會不禁想插嘴說：「啊，是那件事喔。」

不只如此，對於自己沒興趣的話題，也是差一點就用「沒錯沒錯，我也是呢……」爲說詞，開始講自己的事。

像這種無意識的日常行爲，不留意的話就會忽視。所以，要不要也來挑戰「今天我要徹底聆聽對方說話！」看看呢？

或許你會發現，你遠比自己想像的更沒在聽別人說話。

人要改善行爲，就要從察覺問題開始。

7 聆聽是多樣性的開端

創造會聆聽對方說話的環境

我要介紹某位靠多次併購急遽成長的企業的人事主管，在一場以董事和管理階層爲對象的憤怒研習將結束時，向學員傳遞的訊息。

我們公司的規模急速成長，每年除了應屆畢業生外，也有許多擁有各式資歷的人中途加入公司。當有新價值觀的人進入團隊時，難免會對既有的想法和做法存疑，偶爾也會發生衝突。所以我們需要的，不正是互相聆聽嗎？

人事拋出這個訊息後，研習的參加者們也紛紛表示：

「建議可以設定固定時間，讓大家進行討論，了解彼此的想法。」

「讓我們來磨合彼此的『應該』吧。」

像這樣，把聆聽的重要性從管理階層滲透到基層員工，對於提升團隊的心理安全感及促進多樣性，都有很大的幫助。

充滿糾葛的團隊，在溝通上也會出現障礙

公司的資深員工和新進人員間發生爭執，導致溝通不良的案例，可以說比比皆是。

「以前都是這麼做，照以前那樣就好啦。」

「咦？可是那件事，不是這麼做比較好嗎？」

「不，照老樣子做就好。」

像這樣強迫別人接受既定做法，會對業務造成阻礙。

以前我在某家企業進行以管理階層爲對象的研習時，聽到了以下的例子。

公司陸續採用各種不同價値觀的人，團隊成員也不斷增加，但其

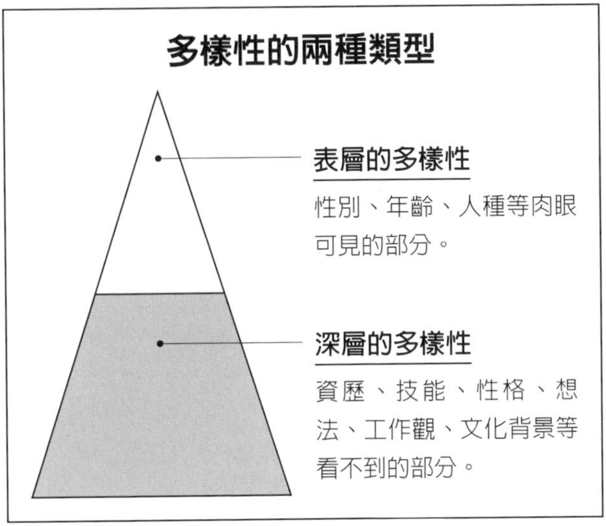
多樣性的兩種類型
表層的多樣性
性別、年齡、人種等肉眼可見的部分。
深層的多樣性
資歷、技能、性格、想法、工作觀、文化背景等看不到的部分。

中有人表示，自己總覺得以往的做法不太合理，不知道該如何是好。

雖然企業高舉著「促進多樣性和包容性」的大旗，但說到要如何具體落實在職場中，卻意外地沒有進展。

根據早稻田大學研究所谷口眞美教授的說法，多樣性有兩個層面。

一個是「表層的多樣性」，另一個是「深層的多樣性」。

促進表層的多樣性，是指雇

用女性、外國人、障礙者等被視爲少數族群的人，以及完善各種社會福利措施。

至於促進深層的多樣性，則是指將資歷、技能、性格、想法、工作觀、文化背景等無法從外側認知的個別差異，也就是深層的多樣性，與企業經營相互結合。

一邊聽取這些內容，一邊促進深層多樣性的起點，我認爲就是「聆聽」。

不是墨守成規，強迫推銷自己的「應該」，而是聆聽有不同價值觀和背景的人，去認識和認同對方的「應該」。

這並非迎合對方，而是要催生出新的價值觀。

首先，就從在職場中聆聽對方說話開始吧。

8 自信溝通也包括「聆聽的表現」

讓對方也感受到你有在聽他說話

你聽過「自信溝通」嗎？

一言以蔽之，就是對自己和對方的自我表現、自我自張，都一視同仁給予重視。

乍看之下，這種溝通容易讓人以為只是把自己想表達的事，希望得到理解的事，都直接了當地告訴對方，但這其實也包含讓對方感受到「我有在聽你說話」的表現方式。

可能是因為現在有愈來愈多組織重視心理安全感的緣故，會敦促員工表達的領導者也開始變多了。他們會對員工說：

「不管遇到什麼事，都坦白說出來吧。希望大家能踴躍發言。」

然而，若沒有「聆聽對方的意見」作為基礎，這個理想是無法成立的。

首先，在職位上有權力的人必須意識到聆聽的重要，大力推行，這樣才能奠定基礎，讓團隊成員產生「這裡的人會傾聽意見」的安心感。

你能展現出聆聽的態度嗎？

在某家企業的研習上，一年前就任的總裁（年紀五十出頭）說：

「希望大家有什麼發現，什麼建議，都能儘管提出來。」

雖然他拋出了這樣的訊息，下屬卻認爲這麼做門檻太高。

那是因爲總裁總是很忙，每當下屬要報告時，他總是帶著充滿壓迫感的表情說：

「報告時要更有條理，整理完內容後再來。」

聽到這樣的回應，就算老闆再怎麼強調「有什麼事儘管說」，下屬還是不敢發言。

尤其是有權勢的人，更要用沒有壓迫感的方式表達：

「我要聽你說。我想聽，我正在聽。」

此外，以下這些也是要特別注意的地方：

- 是否有營造出讓人容易開口的氣氛？
- 平常的表情是不是很可怕？
- 當有人來攀談時，自己的表情是否溫和？

當有人人突然對我們開口：

「〇〇先生／小姐，可以耽誤你一下嗎？」

這時我們露出的表情，就是最真實的狀態。

不只是領導者和擔任上司的人，下屬和新人也得找機會重新審視自己。

除了工作外，在親子和伴侶關係中，表情也一樣重要。

- 露出不耐煩的表情。
- 露出非常嫌惡的表情。
- 眼神沒有交集。
- 完全不面向說話者。

當我們有上述反應時，對方當然會不太想開口。

如果不想被當成難以交談的人，從對方主動來搭話的那一刻起，就要以良好的聆聽態度去面對。

9 遇到難以理解的問題時，要邊整理邊回答

要集中精神，把對方的話聽到最後

在進行講師培育的研習時，我深切體會到有很多人對研習或演講的提問時間感到不安，不知該如何回答才好。至今我也遇到不少案例是爲了過去無法順利回答的失敗經驗，或對提問時間感到棘手而前來諮詢。

當我們處於感到棘手的狀態時，只要一收到問題，恐懼和不安就會占據心靈，導致我們無法充分聆聽對方的話，結果更容易陷入讓提問者不滿意的窘境。不只是講師，進行面談的上司也可能會發生類似的狀況。

理解眼前的人想表達的意思

首先，要把焦點集中在對方想聽什麼，對什麼感到煩惱。

「你有什麼困擾？」

「你想知道什麼？」

在面對對方時，我們必須先理解這些層面，不然無法順利回答。

「要快點開口」、「要快點回答」、「一定要巧妙地回答」……如果你把心思都放在這上面，沒有完全理解對方提問的用意，回答時可能就會離題。

×「該怎麼回答這個人的問題？」

○「我要理解這個人」

我們不能邊聽邊思考如何回答，而是要帶著想理解的心情，先徹底聆聽對方的話。

如果你擔心自己是否真正了解對方的提問，也必須再做確認：

「你想問的是○○，沒錯吧？」

有人會因爲對提問感到棘手，無法再進一步去聆聽提問者。但如果不聽對方說明問題的背景，有時就無法理解提問的用意。

不清楚提問的用意時，要一邊向提問者確認，一邊回答

就算上課過程很順利，如果提問時間表現不佳，我們也可能一口氣失去課程參加者的信任。

當面對眞的不知所云的人時，最好先徵詢對方同意：

「我希望先正確理解○○先生／小姐的問題，再來做適當的回答。可以容許我一邊進行確認，一邊整理內容嗎？」

等對方同意後，就開始整理內容。

「你想問的是○○嗎？」

「你是因爲遇過這件事，所以現在想了解跟○○有關的事嗎？」

要記得以不傷害對方爲前提，像這樣透過歸納和詢問，整理對話的內容。

有些人聽不懂時會直接回答：

「我聽不懂你在說什麼。」

但這麼做可能會傷害到對方，所以在確認前先詢問對方：

「我想正確地理解○○先生／小姐的問題，可以容許我再整理一遍內容嗎？」

開口前多一份顧慮，也是很重要的。

10 可能會發展成職權騷擾問題的行爲

只依據自己的價值觀發言，可能會演變成職權騷擾

在某企業的營業部擔任經理的B先生（五十幾歲，男性），是個銷售業績亮眼，對工作充滿熱忱的人。但他有好幾名下屬都向人事部投訴，宣稱「遭到職權騷擾」。

Ｂ先生是完美主義者，嚴以律己也嚴以待人，一旦決定要做的事，就絕對貫徹到底。正因爲這樣的個性，導致他會質問下屬：「爲什麼你說要做，後來卻放棄？」「你是不是努力不足？」

我請Ｂ先生回顧自己的言行後，他終於發現問題所在，向我吐露：

「我只是希望下屬能聽我說話，結果卻兇巴巴地質問：『你眞的了解嗎？眞的有在聽嗎？』『爲什麼你都聽不懂！』或許是因爲這樣，才把對方逼得喘不過氣吧。」

每個人都希望對方「理解自己」

以Ｂ先生的情況來說，他必須做的是聆聽下屬，了解他們在哪裡遭遇挫折，爲何交不出成果，是不是有什麼困擾。

原本他應該聆聽下屬的心聲，掌握現狀，和他們一同思考該怎麼做才對。後來他察覺到「自己爲了爬到現在的職位，不知累積了多少努力。因爲一直秉持著決定要做就貫徹到底的原則，所以『不論如何都得做下去』的信念十分強烈，以爲這麼想是天經地義，還強壓在下屬身上」，就是問題所在。

當腦中浮現理所當然、常識、應該、一般來說等字眼時，就要特別留意。

我聽過很多案例，都是當事人不愼把自己的想法和價値觀視爲「理所當然」和「常識」，不但強迫別人接受，更不願聆聽對方說話。

對自己來說是「理所當然」的事，在對方眼中不一定如此。別忘了保持開放的心態，先聽過對方的說法再說。

就算是「為對方」而做的事，對方可能也有不同的解讀

B先生原來就是充滿熱忱，幹勁十足的人，所以自從發現「用自己的價值觀去回應各方的意見，說穿了也只是希望別人聽自己的話而已」後，他開始努力去改變自己。

即使不到職權騷擾的程度，我也常聽到擔任主管的人來諮詢時說：

「下屬都不好好聽我說話。」

如果我們內心如此期望，卻覺得對方都沒在聽，或許該找時間問問自己：

「我究竟有沒有好好聽下屬說話呢？」

總之，先從檢討自己的行爲開始吧。

當自己的地位較高時，經常會先提出要求

如果自己的地位較高，很容易會在聽對方說話前，就先提出自己的要求。

其實我過去也有這樣的毛病。現在回想起來，每次面對孩子時，我都會邊忙別的事邊說：

「你一定要好好聽媽媽的話。」

但反觀自己，卻沒有好好聽孩子說話。

或許孩子也會想：「呃，既然叫我聽話，媽媽也要聽我說話吧。」

愈是希望對方聽我們說，就愈要注意自己有沒有聽對方說。

父母和上司都容易先提出自己要求，一定要當心。

11　不要擅自給對方的話加上解釋

改變對方的用詞，可能會傷對方的心

以前我也提過，聽別人說話時，要邊聽邊重複對方話裡的重點。不過有些人在回應時，會隨便加入自己的話和解釋，有時甚至把自己的想法包裝成對方的話，一定要注意。

如果沒有照實使用對方的語詞來回答「是〇〇吧」、「意思就是〇〇吧」，而是透過自己的濾鏡，用不同的話語和自己的見解來回應，對方就會感覺不舒服，忍不住想：

「我沒有說那種話。你沒有正確地理解。」

對方會因此失去信任，有時甚至會受到傷害。

某次在研習中，有位四十幾歲的C女士對同組的D說：「在別人面前開口時，我會非常緊張，講話結結巴巴。所以之後一想到『啊，

我又講不出話了』，就會感到沮喪。」

D聽完後回答：

「妳是因為太緊張，無法好好說話，所以覺得這樣很丟臉吧。」

結果C女士就眼眶泛淚地說：

「……沒錯。眞的很丟臉呢……」

在這個例子中，C女士並沒有用到「丟臉」一詞。雖然聆聽者D是想表示同感，但他在回應中加入自己的意見，結果不但沒貼近對方的心，還重重傷害了對方。

若不慎傷害對方，必須馬上修正，進行補救

這時我馬上介入兩人之間安撫道：

「C女士，我知道妳想分享自己在衆人面前因緊張而沮喪的經驗。如果妳不介意聊聊自己有什麼心情，想怎麼做，研習後我會空出時間聽妳說的，好嗎？」

等研習結束後，我就和她單獨談了這件事。

從C女士的角度來看，聽到別人對她的話給出「那很丟臉」的感想，會讓她覺得「我會感到這麼沮喪，會緊張到說不出話，都是很丟臉的事」，所以才忍不住流淚。當別人針對自己很在意的煩惱，說出讓自己耿耿於懷的話時，哪怕只是隻字片語，也會受到傷害。

除此之外，當對方妄加解釋時，也有人會憤怒地反駁：

「我沒有說那種話，你也用不著說得那麼過分！」

基本上，不管對方說什麼，我們都只要原封不動地重複就好。

如果你是容易抽換語詞，會不自覺地把自己的感受加入回應中的人，必須從平時就多加留意。萬一不慎犯了這個毛病，也要有補救的措施才行。

只要察覺到自己用別的語詞回覆，一定要馬上訂正道：

「不好意思。你想說的是這樣才對。」

然後再重說一遍：

「對不起。剛才那句話是我自己的見解，○○並沒有這麼說。」

「也就是說，是這個意思吧。」

像這樣回歸對方原本的用語，是非常重要的。

不論是工作還是私事，只要在溝通過程中出現誤解，都要記得盡量當場解決。

12 當有人來諮詢令你無法保持平常心的事情時

以前進行諮詢時，我也曾遇到光聽內容就無比震撼的案子。

例如，有人從童年開始就遭父親性侵。雖然這是工作所需，但聆聽時還是無法保持平常心。

有時聽完後，那種情緒依舊揮之不去，難以平息。

當聽到令自己震驚的內容時，若覺得「這件事我很難獨自承受」，也可以考慮是否接受心理輔導，讓自己的心情恢復平靜。

有人聽到關於性侵、暴力、生死等衝擊性的話題時，腦中會出現苦悶的想法。如果聽完後覺得打擊太大，壓力太大，找別人傾訴也不失爲一種選項。

就算是有保密義務的工作，只要不讓別人猜到你在說誰，就不成問題。

爲了守護自己的身心，仰賴第三者的幫助也是可行的辦法。

維護自己心靈的穩定，也是非常重要的。

本章重點

☑聆聽問題時的心態

×「一定要給出對那個人有幫助的答案！」
「該怎麼回答才好……」

◎「這個人在煩惱什麼？真正想知道的是什麼？」
「我要理解這個人。」

☑當對話離題時

- 聆聽者要掌握主導權，整理對方的話，引導對方開口。
- 聆聽對方的話，歸納出對方最想表達，最想知道的事的主旨，實踐主動聆聽。

☑聆聽為何堅持「應該○○」的背後隱情

- 勿擅自斷定「這件事有那麼重要嗎？」，要把背後的原因也問清楚。

☑「二十四小時心平氣和」

- 憤怒管理的方式之一，就是設定整天不發怒的日子。
- 也能應用這個方式，設定整天「聆聽」的日子。

第4章 在職場中活用主動聆聽

1 面對地位不同的人時，要如何才能順利溝通？

主動聆聽的關鍵，在於用對等的心態去面對

我在前面也說明過，對自己和對方的自我表現、自我主張同時予以尊重，就是「自信溝通」。

除了培養技巧外，即使面對地位和資歷不同的人，也能保持對等的心態，在思維上、想法上、感情上坦白表達的態度，也同樣受到重視。

你有過這樣的經驗嗎？

當你和地位較低，年紀較小或資歷較淺的人意見相左時，心中難免會看不起對方，認爲累積成功經驗較多的自己才正確，並斬釘截鐵地否定對方：

「那種事不可能辦到，不可能順利。」

「那件事太難了，簡直是癡人說夢。」

不僅如此，你還可能充耳不聞，中途打斷，隨便聽聽，甚至用露骨的態度地不耐煩地說：

「你只要閉上嘴，聽我的就好。」

「你又開始說莫名其妙的話了。」

如果你曾經這麼做，請一定要注意。

至於自信溝通和主動聆聽則和前述情況恰恰相反，都在強調要尊重對方，傾聽對方，就算無法同意對方，也要表示理解。

另外，還得探究對方爲何提出那樣的意見和建議，聆聽其背後的想法和理由。

事實上，我也遇過這樣的案例。每當下屬報告：

「我想做新的嘗試，去挑戰這樣的事業……」

上司一聽就馬上否決。

「不行不行。這種計畫肯定無利可圖。」

「呃，你說的我懂，但這個想法不夠周全。」

到後來下屬就不再找上司商量了。

其實，若覺得下屬計畫不周，窒礙難行，上司可以說：

「○○，原來你是這樣想的啊。但要實行的話，最好連獲利面也一併考慮。假如這個層面也包含進去，你又會怎麼想呢？可以告訴我嗎？」

像這樣先接納對方的想法，聆聽對方，再以「針對這一點」的形式，表達自己的意見，對方會比較聽得進去。

話說回來，在以年輕員工爲對象的研習中，也有很多人向我訴苦：

「上司都不把話聽完，一直否定我……」

回答方式造成的影響，遠比上司想像的更大。

遇到合不來的想法時，你是否會無意識地充耳不聞？

另外還有一位大企業的董事C先生（五十多歲，男性）。他因爲長年累積不少經驗，常會下意識地認爲：

「這種時候，一般來說都應該這麼做才對。」

「會這麼想是理所當然的。」

當他發現自己有這種毛病時，就對我說了以下的話。

雖然想傾聽和自己不一樣的想法、意見和提議，但受以往的經驗影響，導致他在對經驗和資歷比自己少的下屬說話時，會忍不住想：

「爲什麼你會提出這種建議？這根本行不通。」

「明明照之前那樣做就好了。」

然後中途就打斷對方。

連其他人也看得出來，他遇到和自己完全對立的意見、想法，或是價值觀南轅北轍的人時，會覺得有趣，興致勃勃地聆聽對方，但如果對方只是想法稍有不同，他就會瞬間拉下耳朵的鐵門，把對方拒於門外。

C先生在跟我的對話中，曾如此剖析自己：

「反正再繼續問下去，對方也沒什麼大不了的事情能講。」

「對方只會說不值得一聽的話，光聽就覺得浪費時間。」

愈是要迅速推展業務的經營者和管理階層，愈注重速度，所以無法把對方的話聽到最後的人也更多。

C先生在研習後，給出以下的感想：

「如果我能另外找時間，詢問對方爲何這麼想（爲何選擇這麼做），並且也表達我的想法，透過對話磨合雙方的意見，情況應該會更好吧。」

正因爲雙方立場不同，互動時更應該保持對等的心態和態度。

聽者的反應，會左右對方的幹勁

聽者回應的方式，會左右說話者的幹勁。雖然跟工作有點離題，但我想以親子間的對話爲例來解說。

在前來諮詢的人之中，有很多人都是爲了親子問題而來。

「當孩子的意見和自己不同時，我會忍不住劈頭就否定他們。」

父母容易劈頭就否定子女，是因爲身爲父母者難免會想：

「我希望孩子能這樣。」

「畢竟我懂得更多，閱歷更廣。」

「小孩最好聽大人的話。」

那具體來說，父母用什麼說法比較好呢？

（例）當孩子說「將來我想當太空人」時……

×「你在說什麼啊？這怎麼可能辦得到？」

○「你想當太空人啊。爲什麼會想當呢？」

（例）當孩子說「想放棄社團活動（學才藝）」時……

╳「不可以半途而廢。你怎麼老是三分鐘熱度！一定要堅持下去才行！」

○「你想放棄嗎？爲什麼呢？」

你覺得這麼說如何？

照後者的作法，先接受孩子的主張，讓孩子覺得「自己有受到尊重」，等到之後討論時，他們也會更願意聽我們的話。

這方法不限於親子，在上司和下屬間也同樣管用。

即使和自己意見相左，也要記得先接納對方的想法，再追加自己的意見。

即使對方地位較高，也要進一步仔細聆聽

另一方面，當自己的地位比對方低，資歷也較淺時，有很多人會擔心：

「問這種問題，會被當成笨蛋吧。」

「問這種事，會不會太失禮呢？」

我聽過很多被這些成見影響，把不明白和有疑問的地方放著不管的例子。但其實就算我們問：

「我對〇〇沒有經驗，不太明白，想請您指點一下。」

也不一定會失禮或被瞧不起。

另外，遇到有疑問的點時，就算你問：

「爲什麼不能用這種做法呢？可以請您告訴我嗎？」

也絕不等於要和別人做對。

如果未經確認就繼續做下去，反而可能造成危害。

此外，也有人認爲不可以跟上司唱反調，猶豫該不該問：

「我有這樣的意見，您覺得如何？」

不過就算對方地位高，經驗豐富，也不代表他的發言和提議就一定正確。

當你感到猶豫時，最好先檢視自己是否受到成見束縛，再進一步請教和聆聽對方的想法吧。

2 負面報告更需要仔細聆聽

即使是負面報告，也要感謝對方願意分享情報

當下屬要向上司報告負面消息時，會很難啓口。這時作爲上司的人，可以針對下屬的報告內容說：

「謝謝你願意分享這些情報。」

只要上司邊聆聽邊道謝，氣氛就會逐漸改變。

當下屬報告有客訴之類的負面內容時，你是不是也曾大發雷霆呢？

「為什麼會收到那種客訴？」

「為什麼會出現那種問題？太誇張了吧。」

如果上司展現如此高壓的態度，下屬會因為害怕挨罵，拖延重要的報告，嚴重時甚至隱匿不報。

就算是負面報告，我們也要馬上接受，盡早處理，否則問題只會愈來愈大。

若想避免今後遇到同樣的問題和投訴，團隊一定要盡快想出解決對策才行。

但假如下屬明知如此，卻在得知消息後因擔心「說出來可能會挨罵。上司一定會指責我」，而遲遲不敢往上呈報，結果代價都得由上司承擔。情節嚴重者，甚至會讓整個組織的信用都一落千丈。

正因如此，不管報告的內容有多負面，都要記得說：

「謝謝你的報告。」

「這麼難開口的事，你還是鼓起勇氣告訴我，謝謝你。」

讓我們都帶著感謝的心情去聆聽吧。

讓人不敢報憂的氛圍，會使團隊變封閉

事實上，不論是哪個行業，都有基層員工在諮詢時告訴我：

「我們都很怕挨上司的罵，所以像『收到客訴』之類的負面消息，我們都不敢向上呈報，結果整個團隊的氣氛就變得很封閉。」

「因爲怕挨罵，所以不敢多說什麼」的環境，對組織只會扣分。

一定要創造不管好事壞事都不會隱瞞，對彼此開誠佈公的環境。

3 聽取負面消息時應該注意的事

可以有同感，但不必同情

你遇過有人在工作時來商量負面的事嗎？

當我們聽到對方悲慘的遭遇，嚴重的挫折，絕望的心情時，雖然可以有同感，但最好不要同情。

因爲一旦同情，雙方的立場就變得不對等。

所謂的同情，是認爲對方很可憐，很悲哀。

當人被同情時，會陷入「別人都在可憐我」的情緒。有些人甚至會覺得「別人看不起我」。

換句話說，即使受到同情，說話者的內心也不會比較輕鬆。

所以在聽到負面消息時，聆聽者可以體恤說話者，但內心要保持冷靜。

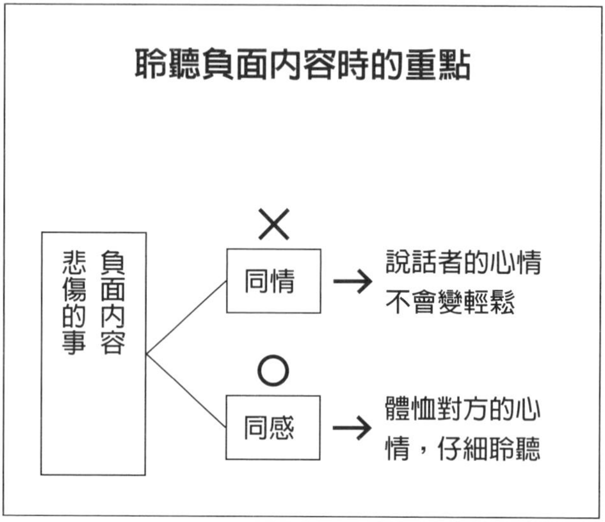
聆聽負面內容時的重點
負面內容
悲傷的事
×
同情
→ 說話者的心情不會變輕鬆
○
同感
→ 體恤對方的心情，仔細聆聽

尤其是下屬來商量負面的事情時，

「你是感到～吧。那一定很難受呢。」

讓我們一邊聆聽，一邊像這樣表示同感吧。

與其為對方打氣，不如靜靜聆聽

在職場上遇到別人來商量負面的內容時，有些人會為了替對方打氣，結果自己反而說了太多話，沒有充分地聆聽對方。像這種情形，我也時有耳聞。

在某場研習結束後，一位擔任課長的學員跑來提問。

他說，有下屬問他：

「課長，有件事想找您商量。我想了很久，還是覺得自己不適合這份工作……所以不知道今後該如何是好……」

也有下屬向他表示：

「我想辭掉這份工作……」

這些來自下屬的心聲，讓他不知該作何反應，十分苦惱。

雖然他當下回答：

「別這麼說。○○你很努力，不要覺得自己不適合。我以前也有跟你一樣的想法……」

但不管他怎麼說，對方卻始終保持沉默，最後只用「已經夠了……」結束對話。所以這位課長就很想知道，自己當時該怎麼回答才恰當。

當我陪他一起檢視當時的做法後，他終於明白要先接受對方的話，問對方：

「你覺得自己不適合這份工作啊。爲什麼會這麼想呢？不介意的話，可以說給我聽嗎？」

之後再來仔細聆聽對方的背景、想法，以及想傳達的訊息。

當別人說「有事想找你商量」時，先把對方的話徹底聽完吧。

收到負面回饋時，更要敞開心房去聽

那麼，當收到別人的負面評價時，又該怎麼做呢？

首先我們要敞開心房，接受對方的話。

如果採取攻擊的態度，用「但是」、「可是」去反駁別對方，採取拒絕接受的態度，將會阻礙自身的成長。

收到負面評價時的心態，以及聆聽的態度，對方都會看在眼裡，留下印象。

相對地，即使覺得刺耳，也能坦然接受，認真面對的態度，會給人正面的印象，讓對方產生「想多跟這個人來往」、「想幫助這個人成長」的想法。

如果無法包容負評，對方會覺得「太麻煩了，不想再跟這個人來往」，雙方的關係也會漸行漸遠，不但對方有什麼重大訊息都不會告知，到最後甚至沒人願意幫忙。年齡和地位愈高的人，受到指正的機會也會愈少，一定要格外注意。

收到負面回饋時，難免會受到傷害或打擊。雖然心情可能會瞬間跌到谷底，但還是得先把對方的話聽到最後，盡量不要馬上反駁、責怪他人的發言。

對於批評的人，我們不宜表現出煩躁的態度，而是應該仔細聆聽對方的話，並聚焦在以下三點上：

- 現在是哪裡做得不好？
- 對方是怎麼想的？
- 本來應該怎麼做才對？

就算有什麼必須告訴對方的事，也要先把對方的話聽完，再來補充道：

「其實這背後的原因是◯◯……」

一定要記得按這個順序開口。

身爲上司的人，也會收到來自下屬的回饋。

尤其是上司以什麼態度回應回饋，更是對自身器量的測試。

4 受到指正時，你會適時展現道歉的態度嗎？

你是不是得了「道歉會死的病」？

在受到別人指正時，有時也必須道歉，但有人就堅持不道歉。

前些日子，在某場對談中，「道歉會死的病」成了話題。

其中提到有些人被指出失誤時，要是說出「對不起，我錯了」，自尊心就會嚴重受損，有生不如死的感覺。

很多對談的聽眾也紛紛表示「的確有這種人！」，迴響非常熱烈。

麻煩的是，當下屬對自尊心高的上司提出指正：

「咦？這件事不是應該這樣嗎？」

上司就會以高高在上的態度責罵下屬：

「我說是就是。少說廢話！」

但其實開口道歉，並不會對自尊心造成損害。

「道歉會讓我丟面子，看起來很遜。」

「對下屬道歉實在太沒用，很丟臉。」

不肯老實道歉，只會用上述藉口逃避的人，不覺得更丟臉嗎？

但即便如此，每個年齡層都有人會在受到指正時拒絕道歉，還用攻擊的態度辯解道：

「可是，○○先生是這麼說的。」

「咦？我沒聽說這件事。」

「其他人不是也有做嗎？」

當別人指出錯誤，給予負面回饋時，這種人就是不會誠實接受，坦然面對的類型。從長遠來看，他們在人際關係上，將會蒙受巨大的損失。

靠老實聆聽的態度博得人望的經理

我常聽負責培育新進員工的人說，當他們指出「這麼做比較好」時，如果遇到以下兩種人：

- 能坦率地聽從建議，爲此道歉的人。
- 把錯推到別人身上，藉口一堆的人。

不論雙方優秀與否，他們都會對前者，也就是坦率接受指導的人較有好感。

這個道理不只適用於新進員工。

我曾在研習上，遇到某個深受下屬信賴的部門經理。現在就來介紹他的故事。

他不但平時工作表現好，對於失敗和該改善的地方，也都承認得很乾脆。這種爽快的個性，是他之所以受到信賴的一大主因。

當下屬提出的意見，比身爲經理的自己更好時，他會敞開心胸去接納。如果罵下屬的語氣太兇，他也會個別道歉：

「剛才我說得太過了，眞抱歉。」

從他的例子就能知道，爲何願意坦承失敗的人，會比死不認錯的人得到更多支持了。

雖然有人會說：

「我不想給別人添麻煩。」

但只要是人類，不管是誰都會犯錯、失敗，給周遭添麻煩。沒有人能在生活中不麻煩到任何人。

希望你能把這一點視爲大前提。

在這個大前提下，最重要的就是失敗時要勇於承認，對麻煩到的人說聲抱歉。

道歉是針對「不小心做的事」進行補救，絕不是要否定自己。一旦了解自己的價值並不會因此下降，行為也應該會改變才對。

處理客訴得當，也能收穫粉絲

當店內因待客不周，收到客人的投訴時，如果店內的應對迅速得宜，客人也可能成為忠實顧客。

同理可循，只要在第一時間誠懇道歉，就算是失誤，也能反過來提高評價。

擁有真正自尊的人，都明白這一點。

因為明白賠罪不會減損自己的價值，所以才能那麼乾脆地低頭致歉。

對於習慣處理客訴的資深員工來說，這或許是理所當然的事。但換成公司新人收到客訴時，很多人往往都不知該如何應對。身為公司代表的人，除了自己犯錯外，當其他人處理失當時，最好也要向對方賠罪。

「這次給大家添了麻煩，在此深深致歉。」

這樣的初期回應方式，正是跨越今後障礙的關鍵。

做不到這一點的人其實意外地多，並不侷限於新人，所以整個團隊都要互相提醒，把這個原則牢記在心。

5 處理客訴時該注意的地方

傾聽對方的抱怨，尋求解決方案

在前面的小節裡，我有稍微提到客訴。在應付客訴時，更應該發揮主動聆聽的技巧。

對方來抱怨時，通常都有所不滿，心情不太愉快。若對方懷著負

處理客訴時該注意的地方

❶ 有誠意的道歉

＋

❷ 用真摯的態度聆聽

面情緒，可能會把怒氣發洩在我們身上，所以我們一開始要先表達歉意，同時傾聽對方。

如果判斷是我方的錯，就必須馬上用有誠意的態度說：

「非常抱歉。」

而且，我們還需要針對抱怨的客人，分析出下列情報：

- 是出於什麼原因？
- 當時是什麼情況？
- 當時是什麼心情？
- 希望我方今後怎麼做？

所以我們一定要仔細傾聽。

掌握情報後，就能進展到下個步驟，考慮該提出什麼提議，並且將對話引導至解決方案上。

只顧著道歉，有時會引起更多客訴

顧客投訴時，你是不是只會拼命地說「非常抱歉」呢？

一昧地重複「非常抱歉」，會讓對方懷疑你並非眞心認錯，只是想快點息事寧人，結果帶來更大的不快。

由此可知，當顧客抱怨商品有瑕疵，或受到無禮的對待時，如果我們當下就提出補償措施：

「眞是抱歉，今後我們會以~方式處理的。」

「那作爲交換，下次您可以這麼做。」

客人可能會氣憤地說：

「等一下，你根本沒把我的話好好聽完吧。」

「你只是想快點解決掉這件事吧。」

結果導致客訴擴大，變得更棘手……

因此在處理客訴的初期時，最重要的就是聽對方說話。

剛才我也說過，我們要透過傾聽，去掌握「原因是什麼，狀況如何，對方是什麼心情，希望我方做些什麼」等情報。如果忘記這個步驟，直接略過，很可能會引發「你們根本沒好好聽我說」的二次客訴。

就算無法百分百滿足客人的需求，只要我們的提議能讓對方覺得「這個負責人有先認眞地聽我說」、「聆聽的態度很有誠意」，有些客人的情緒就會恢復冷靜，感到滿意。

相反地，如果未經充分聆聽，就直接提出解決方案或建議，將無疑是火上加油，千萬要注意。

等確認過事實後，再來道歉

接到客訴時，有些情況一看就知道是我方的錯。

例如對方拿出壞掉的商品，可以明顯地看出「這是瑕疵品」，或是讓客人等待許久的時候。

面對這些情形時，雖然當下也必須說「非常抱歉」，但另一方面，如果不確認是否屬實，就一股腦地道歉，之後可能會引來更大的麻煩。

舉例來說，若接到患者投訴：

「吃了醫院開的處方藥後，身體反而變差。是你們弄錯了處方吧。」

如果我們馬上回答：

「非常抱歉。」

患者可能會認定是「院方也承認自己開錯處方」。

但這一點是需要查證才能確認的。

在其他案例中，也曾發生客訴原來是對方的誤會一場，所以我們最好先展現願意聆聽的態度，向對方表示：

「不好意思，可以請您再詳細說明嗎？」

「非常抱歉，關於這件事，可以再請教您幾個問題嗎？」

之後再切換成認真聆聽模式，釐清事情的全貌，而不是輕率地道歉。

不過，除了不要隨便道歉外，在用字遣詞上也要注意。

萬一不慎使用歸咎對方的說法，像是：

「我想那是○○先生誤會了。」

「應該不可能這樣才對。」

對方很可能會怒道：

「我是來投訴的，怎麼還要被你們罵！」

結果衍生出新的客訴，所以一定要小心。

你的用詞及附和方式，也可能會觸怒顧客

我在第2章也提過，有些語詞不宜拿來附和。

像「是這樣嗎？」就是其中之一。

當對方感到憤怒或不快，抱怨一番後，如果你回答：

「啊，是這樣嗎？」

對方可能會反過來罵你：

「這句話是什麼意思？說得好像事不關己一樣，可以不要用這種語氣說話嗎？」

在客服中心就有這樣的案例。就算聆聽者沒有要貶低的意思，但在看不到表情和態度的電話裡用這種附和，可能會讓對方覺得你不太在乎，沒把心思放在上面。

除此之外，隨意地回答「喔」或單調地重複「是、是」，也會讓對方怒火更旺，因爲聽起來就像沒認眞在聽。

這些用字遣詞的方式，都必須多加留意。

另一方面，在處理客訴時，表示同感也一樣有效。

當對方說：

「你們讓我等了很久耶。」

我們可以回答：

「的確……眞的是讓您久等了。」

「抱歉，讓您在等待時這麼不安。」

這樣可以傳達我們誠摯的歉意，也能對客人的心情表示同感。

要把對方說的重點複誦一遍

在應付客訴時，對方的情緒電壓會上升。

在聽情緒激動的人說話時，除了表示同感外，把對方說的重點重複一遍也很有用。舉例來說，

顧客：「我上午都在等包裹送來耶！」

我們：「這樣啊，您一定等了很久吧。」

顧客：「我等了要三小時！」

我們：「讓您等了三小時，真是不好意思。」

像這樣把話裡的重點複誦一次，對方就知道我們有確實聽到他們的話。更重要的是，對方聽到我們複述他們的重點時，也能順便確認自己說了什麼。

在這樣的互動中，客人也能漸漸地恢復冷靜。

當你面對客訴，尤其是對方的憤怒電壓很高時，一邊聆聽一邊用

附和表示同感，複誦對方話裡的重點，不斷進行確認，是非常重要的。

6 在交涉中聆聽對方時的重點

交涉時，先從了解對方的要求開始

交涉這種溝通方式，都是從雙方要求不一致，彼此有歧見開始。

交涉時，除了強調自己的主張外，你有充分聆聽對方的話嗎？

當自己的要求和對方不一致時，有些人會忍不住做出否定的回應：

「我知道你想說什麼，不過……」

「呃，就算你這麼說，我也……」

「可是……」

然而，當我們提出反駁，使用否定的言語時，對方會留下不好的印象。

「結果這個人根本沒把我的話聽進去。」

另外，在某些案例中，也有人因為說：

「你說的話是有道理，但你只會單方面地堅持自己的主張，不肯理解我的想法。像你這種人，我不想聽你說話。」

讓對方感到不快，導致交涉無法順利進行。

在交涉時，就算不同意對方的話，最好也要回答「你的意思是～吧」、「你是希望我～吧」。

先表示理解，展現會把話聽到最後的誠意，是非常重要的。

交涉時，主動聆聽也能發揮功效

在交涉的過程中，若對方提出某些要求，去理解對方為何這麼要求，可謂至關重要。所以在聽完對方的要求後，我們要先問對方：

「你是基於這個理由，才想要我這麼做吧。」

「您是希望我們能接受這個條件吧。」

之所以提問，是要再次確認對方說的內容。

「關於這個條件，爲什麼您會這麼想呢？可以告知您的理由嗎？」

「爲什麼你希望在這個期限內完成呢？」

像這樣保持願意聆聽的態度，可以讓交涉進行得更順利。

7 聆聽時，不要受到成見束縛

在判斷是藉口前，先耐心聆聽

在某場以管理階層爲對象的憤怒管理研習中，當我問學員會在何時感到煩躁，就有很多人說：

「在敦促下屬多注意或進行指導時，聽到一堆藉口。」

另外，前些日子在某家企業的主管研習中，有位四十出頭的課長向我提問。他的下屬（二十幾歲）未按照他指示的方式做，他就指正對方，結果下屬說：

「那個……是因為部門經理給我一些建議，我就照他的話去做……」

這位課長聽了痛罵一句：

「不要找藉口！」

但對方又強調：

「這不是藉口……」

於是這課長就問我，如果遇到這種愛找藉口的下屬，該怎麼回應才好。

我先提醒他，或許在上司耳裡，下屬的說詞聽起來全像藉口，但從下屬的反應來看，他可能不覺得這是藉口，只是想解釋爲何改用那種做法而已。

我問這個提問的課長：

「你想表達的，希望下屬明白的事是什麼？」

對方回答：

「如果收到經理的建議，我希望他馬上來向我報告，等整合完雙方意見後，再繼續進行。」

既然這麼想，就不該說「不要找藉口！」。

像這樣斬釘截鐵地打斷下屬的話，實在不妥。

後來我建議這位課長可以先聆聽，再告訴對方：

「我知道你是有原因才這麼做，但現在聽起來只像在找藉口。以後收到建議時，希望你能先向我報告。」

很多人也是抱著「不想聽藉口」的心情，拒絕聆聽對方的話。但就這個案例來看，對方可能根本不知道這樣像在藉口。爲了防止雙方的認知差異，不妨先聽聽對方的說法吧。

那真的是職權騷擾嗎？要聆聽事實

職權騷擾防治法上路後，有組織就因爲收到的職權騷擾申訴變多，特地來向我諮詢。也有人來詢問收到職權騷擾申訴後的應對方式，或要求我針對擔任窗口的人員進行關於聆聽技巧的研習。

在五花八門的案例中，有些人投訴的理由非常荒謬，比如有人因爲討厭在目前的部門工作，想轉調其他部門，就謊稱被上司職權騷擾，也有人是因爲討厭上司，想讓上司被調走，所以利用投訴。

「上司用高壓的態度對待我。我每天上班時都會害怕。跟同事一起去喝酒時，上司會問：『要去續攤嗎？』申請夏季休假時，上司會問：『要休那麼久嗎？』總之，他用各種方式對我施壓。」

這段陳述乍聽之下，的確像上司的職權騷擾，但經過調查後，卻發現並不屬實。在實際查訪時，同事表示當事人沒去續攤，請假也順利獲准。再進一步調查後，原來是當事人討厭在鄉下工作，想要調動，所以才提出這次的申訴。

接到這種諮詢案件時，絕不能被成見影響，一定要打聽出哪些是事實。

不過有些人在探聽時會大張旗鼓，弄得像警方查案一樣，必須注意才行。

千萬別用逼問的方式打聽：

「那麼，到底是有去續攤，還是沒去？」

而是要用對方容易開口的方式問：

「我是這麼聽說的。請問在那之後有去續攤嗎？」

在問話前，先確認一下自己的問法吧。

8 聆聽想法偏激的人說話時

經驗和價值觀，有時會讓人聽不進別人的話

有些人在交談時，會頑固地堅持自己的主張。

「這時候就應該這麼做才對。」

「一定是這樣，鐵定沒錯。」

舉例來說，有些主管會有「身爲營業員，只要客戶聯絡，即使在下班時間也要加班處理」的觀念。

但現在工作方式不斷改進，也有人認爲不必爲客戶做到這種地步，所以這應該不算是普遍的價值觀。

另外，我在進行憤怒管理研習時，也有人堅信表現出憤怒就是不好。即使我在研習中強調：

「表現憤怒本身並沒有錯。」

「只要表現方式適當就好。」

還是有人會堅持自己既有的經驗和價值觀才對，完全不肯聽我的說法。

包容對方的想法，不輕易否定

面對聽不進別人意見的人時，最好先接納對方。

「你是這麼想的啊。」

「你是這麼認為的啊。」

然後問對方爲何有如此強烈的執著。

「爲什麼你會這麼想呢？」

「是什麼經驗，讓你有這種感覺呢？」

如果我們一開始就直接回答：

「那是你想太多了。」

「所以你不是就這麼說了嗎？」

對方就會有遭到否定的感覺。

先接受對方，再問對方為何信念如此強烈，態度如此堅定。這種互動並非為了說服對方，而是要理解對方這麼想的理由。

世上的價值觀形形色色。比如遇到相對年輕的世代時，就算覺得「我要說服他們，改變他們的想法，因為這種成見不太好」，也不能直接表現在態度上，否則就無法觸及他們更深層的想法了。

當對方的意見和自己的相差甚遠時，就當成是了解彼此差異的機會，去聽聽看吧。

9　想冷靜地面對指責自己的人時

不要被對方的情緒牽著鼻子走

「這是你的錯。」

「這都要怪你。」

「是○○的你不對。」

像這種情緒化地指責別人的人，我不時會看到。

但即使在這種時候，我們的反應也不能太激動。

因爲要是演變成最糟的狀況，雙方就會開始一來一往，吵到不可開交。

這種時候，我們更要活用憤怒管理。

當對方爲某些事責怪你時，你可能會焦慮、沮喪，陷入討厭的情緒。

當產生討厭的情緒時，要避免被對方責備的態度影響，以免自己也情緒化。就算感到焦慮，也要設法恢復冷靜，才是適當的處理法。

要先冷靜下來，整理好心情，再來開口

即使火冒三丈，也要避免因一時氣憤，做出「你找碴，我奉陪」的衝動行為。

當對方單方面地指責自己時，一定要掌握以下兩點：

- 為什麼事情會變成這樣？
- 為何這個人要對我發這麼大的脾氣？

否則事情肯定沒完沒了。

無論如何，我們都要透過回應和提問，設法讓對方冷靜下來，把事情交代清楚。

「可以先冷靜下來說給我聽嗎？」

「可以告訴我發生了什麼事嗎？我會聽你說的。」

「我想盡可能解決這個問題。可以把詳情告訴我嗎？」

而且千萬不要有情緒性的發言。

「爲什麼？」

「你到底在說什麼？」

「是你先用那種態度說話的。」

不然雙方會開始雞同鴨講，陷入爭執，甚至可能會關係決裂。

請從冷靜地聽出對方的意圖開始吧。

相信在互動的過程中，雙方應該會漸漸恢復冷靜才對。

10 聆聽說「不」的理由，尋找解決對策

不論是跑業務還是交涉，都要找到雙方能接受的結論

在跑業務和交涉的場合中，你是否曾因爲對方不同意你的提議和想法，或是給出否定的意見，而不禁火冒三丈呢？

雖然這是基本常識，但遇到事情沒照預期進行時，如果我們就情緒上來，罵對方：

「說夠了沒！」

就會破壞對話的氣氛，讓對方不再聽我們的說詞，最終導致破局。

就算對方不接受我們的想法，也絕不是否定我們的人格。愈是火冒三丈，就愈要想成「這只是雙方的意見不同罷了」。

尤其是跑業務和交涉的場合，內心的動搖會影響接下來的工作，

所以一定要避免未經思考的發言。

而且在交涉時，本來就不一定要駁倒對方，分出勝負才行。交涉的目的，是在於透過討論進行磨合，協調出對雙方都有利的結果。

不過當交涉碰到瓶頸時，要避免因對方的拒絕而過度反應，並回頭檢視這場交涉的目的。這時請問自己以下三個問題：

- 在這場交涉中，最好的答案是什麼？
- 目前顧客對我們的要求是什麼？
- 對雙方最有利的結論是什麼？

被拒絕時要控制情緒，才能找到解決方案

在某公司裡，業務員A先生遭到對方的斷然拒絕。

「不行不行，已經決定其他公司了，本公司完全不打算和你們合作。」

這時A先生並沒有情緒激動，而是冷靜地回應：

「貴公司已經選擇其他公司了嗎？不介意的話，請告訴我敝公司提出的商品有哪裡不符合貴公司的期望，以作爲今後改進的參考。」

客戶就把他覺得不滿的地方說了一遍。後來A先生又開始刺探，看看能不能再拿到一次提案的機會，結果對方就表示會再考慮。

如果A先生被對方的態度激怒，負氣地結束對話。

「是嗎！那就沒什麼好說了！」

那就不會得到第二次機會了。

雙方的意見產生衝突，僵持不下，在商場上是司空見慣之事。即使對方嚴詞拒絕，我們也不必情緒激動或過度沮喪。

跑業務和交涉的目的，就是在進退之中互相協調，找出雙方都能認同的共識。千萬別忘了這一點。

11　面對情緒激動的人時，重新再來很有用

先冷靜下來喊暫停

只要感覺「這個場面我無法應付。對方太激動了，現在要聽他說話很難」，就必須建議對方：

「你好像也有很多話想說呢。」

「冷靜下來再說比較好。要不要重新開始？」

但這時萬一我們說：

「好啦好啦，別那麼生氣嘛。」

就形同火上加油，所以一定要注意用詞。

在憤怒管理中，有一種稱爲「暫停」（timeout）的手法。

跟運動比賽的「暫停」一樣，當你發現目前再互動下去也不會有任何進展，只會變成無謂的爭吵，把我方也捲入時，唯有重新再來，才能朝更好的方向進行。這時你可以提議重新開始，拉開物理上的距離也有效。

具體來說，我推薦用以下方式提議。

- 提議「我們再另外找時間談」，把這一局重新洗牌。
- 如果重來需要的時間很短，也可以提議「我先去買個飲料，等五到十分鐘後，我們再回來繼續談吧」。

如果被對方的情緒影響，自己也會變得情緒化，無法把對方的話聽到最後，所以一定要避免這種情況才行。

遇到情緒激動的顧客時，要避免以「情緒」回應

這是在某製藥公司的用藥諮詢中心發生的事。

以前負責客服中心的研習時，有人找我諮詢，表示曾有患者不滿員工的回答而暴怒，一直吵著要主管出面處理，引起很大的騷動。

應付客訴時，很多客人都會情緒激動，導致聽的一方感覺自己好像成天都在挨罵。

「你們開這種沒效的藥，只是想騙我的藥錢罷了！」

「這種藥是不是本來就沒效!?」

「你們怎麼都只開這種藥！」

當客服人員O小姐遇到上述這種無理取鬧，亂怪一通的人時，起初雖然很想冷靜面對，但後來講著講著，還是忍不住肝火上升，氣話脫口而出。

「你從剛才就只顧著說自己想說的話！」

「只因爲是顧客，就把自己當成神了!?」

這些話也激怒了對方，雙方爆發口角，讓情況變得難以收拾……

這個例子讓我深深體會到，不受對方的感情影響有多麼地重要。

若是硬要息事寧人，也會招來對方的反感

有個擔任主管的人（五十幾歲）來找我諮詢「在一對一面談中，下屬變得情緒化」的問題。

當女性下屬情緒上來，開始抱怨：

「開始遠距離工作後，你這個經理竟然完全沒掌握下屬的進度！」

「我也很辛苦啊，可是您都不了解，還總是偏袒〇〇！」

雖然這位主管努力安撫對方：

「好啦好啦，別那麼生氣嘛。」

但對方反而更惱羞成怒地罵道：

「您老是這樣，總是想把事情呼攏過去。」

如果硬要息事寧人，或是被對方的言語激怒，開始互槓，都會讓事情越發不可收拾。

所以當那位女性下屬發牢騷時，其實他只須回答：

「這樣啊，妳有很多想講的吧。等妳冷靜下來後，我會好好聽妳說的。到時妳有什麼不滿，都可以一一告訴我。」

至於以下的對話，則大可不必。

部門經理：「好啦好啦，別生氣嘛。」

女性下屬：「我才沒生氣。」

在我聽來，就是這樣的對話，才會引發後面的爭執。

準備能幫自己恢復冷靜的言語或道具

在和別人對話的過程中，爲了不讓自己肝火上升，最好是做深呼吸。

做深呼吸時，副交感神經會處於優勢，達到穩定心情的效果。

尤其是講電話時，就算做深呼吸，對方也不會發覺。

聽說在客服中心工作的人員中，也有人會一邊深呼吸，一邊在心中說：

「冷靜下來，冷靜下來。」

「不要緊，不要緊。」

當對方咄咄逼人時，最好有個能說給自己聽，幫自己恢復冷靜的暗號。

也有人是一邊對自己說恢復冷靜的暗號，一邊看手機的待機畫面，使心情平復下來。

遇到下屬老是犯匪夷所思的錯，令你忍不住想罵人時，也可以用這個暗號讓自己盡快恢復冷靜，非常方便。

以我來說，我是用「除了死，都是擦傷」爲暗號。說得極端點，喊「停！」也可以。

在腦中對自己喊停的「停止思考」，也是憤怒管理的方式法之一。

只要平時多練習，讓自己能隨時想起，一到關鍵時刻，就能立刻發揮效果了。

12　當你不得不聽討厭的人說話時

很多時候，我們無法選擇要聽誰說話。

討厭的上司，討厭的下屬，討厭的客戶，隨著狀況不同，不得不來往的對象也會隨之改變。

當你被迫面對他們時，也必須放下自己的好惡，當成一種職責，一種業務來看，盡量公事公辦。

若帶著「那個人眞討厭」的想法去面對，臉上也會不自覺地暴露「這個人到底在講什麼」、「光聽就令人煩躁」的心情。

這樣一來，對方也會感受到你眞正的想法。由此可知，要深入聆聽到讓對方無法察覺自己的負面想法，也算是人生的修行之一吧。

一邊聽別人說話，一邊整理和歸納內容，可以訓練聆聽力。只要能做到這些，聽別人說話的能力將大幅提升。

研習時，我也遇過講話不知所云，只聽一遍很難理解的人來諮詢。即使遇到這種考驗，你也要一邊聆聽，一邊想著「現在是自我鍛鍊的時間」。我每天也是在第一線持續鍛鍊。

13 察覺隱藏在對方怒意下的感情，表達同感

觀察對方藏在憤怒背後的感情

憤怒絕非壞事。

當人發火時，憤怒背後往往藏著悲傷、懊悔、不安、困惑、寂寞等各種負面情緒。

例如，當家人沒事先聯絡，到半夜才回家時，我們難免會怒火中燒，氣鼓鼓地說：

「這麼晚才回家，也不事先聯絡。給人添麻煩也該有個限度吧！」

但藏在這股怒意背後的，卻是另一種感情。

「還以爲是出了什麼意外，害我擔心死了……」

在進行諮詢時，找出這股怒意背後的感情，並對此表達同感，是

非常重要的。

引導出對方的「心情」

這個原則不只對諮詢，對日常的交談也一樣適用。

關於憤怒背後的感情，有時本人是渾然不知，有時是察覺到了卻還逞強，故意發怒。

如果對方說：

「眞不敢相信他竟然會做○○這種事！」

你可以試著問：

「你當時有什麼心情？」

如果對方回答：

「就是很擔心啊……」

你可以表達同感：

「嗯，那的確令人擔心呢。」

去同理對方的心情，是非常重要的。

不管是在工作，還是私生活中，引導對方說出藏在憤怒背後的感情，並且表達同感，雙方就能建立更良好的關係。

14　想在內容錯綜複雜的會議中，發揮聆聽力時

如果大家在會議上都無視主題，各講各的，使場面陷入混亂，就必須有人出面提醒：

「要不要在這裡整理一下內容？感覺已經離題了。」

然後停下來整理內容，回歸原本的議題，再重新開始才行。

雖然方法會隨著自己擔任的角色而有所不同，但不論如何，保持能隨時應付各種變化的狀態，還是最理想的。

而且在這個時候，最好避免使用以下的說法：

「○○先生，你的發言有點離題。」

「△△小姐，妳的意思不太清楚。」

因爲這聽起像在責備，會傷害對方。

這時比較好的說法有：

「要不要在這裡先整理一遍呢？」

「○○先生，我了解你剛才要表達的意思。這邊也有人做了類似的發言。大家要不要先針對這件事再來表決一次？」

總之，當我們要一邊整理前面的內容，一邊回歸正軌時，必須從提醒離題者和其他與會者，讓他們想起會議主題爲何開始。

尤其是領導階層的人在主持會議時，把這問題拋給全體與會者更爲重要。

本章重點

☑ **主動聆聽時，要用對等的心態去面對**

- 面對地位不同的人，也要尊重對方，耐心聆聽。即使無法同意對方，也能表示理解。

☑ **營造易於開口報告的氛圍**

- 當下屬報告負面消息時，不要生氣。
- 要對下屬說：「這麼難以啓口的事，你還是鼓起勇氣跟我分享，謝謝。」

☑ **愈是收到負面回饋，愈要敞開心胸聆聽**

- 把焦點放在「目前哪裡做得不好」、「對方有什麼想法？」、「本來應該怎麼做？」，並透過聆聽去了解。
- 若指正的內容屬實，就要坦率地道歉。

☑ **當遇到別人指責自己，想要冷靜應對時**

- 即使怒火中燒，也要避免因一時氣憤和對方發生爭執，做出衝動的行為。

☑ **面對情緒激動的人時**

- 重新開始很有用。

☑ **在內容錯綜複雜的會議上**

- 整理對話內容，讓會議回歸正軌。

第5章

在私生活中活用主動聆聽

1 正因爲關係親密，聆聽時更不該受「成見」左右

對於關係親密的人，容易「妄下定論」

當面對配偶、長年的老友、職場的同事時，我們容易產生先入爲主的看法。

「這個人就是這種人。」

「這個人總是會○○。」

愈親近的人，愈難用中立的態度去互動。

我先生是講究邏輯的人，在工作上給出建議時，也常戳中對方的痛處。在和他交談的過程中，他常會說：

「既然這樣，照這個流程來做不就好了？」

「就長遠來看，不就是這樣嗎？」

每當我覺得他的話有些刺耳時，我也會主動打斷他的話：

「好啦，好啦，我知道你想說什麼，別再說了。」

不過只要仔細聽完，就會發現他除了說教外，也常常提出貼心的建議和創新的點子。

「看妳那麼辛苦，我也來幫忙好了。」

「我剛好想到了，這麼做或許可行。」

所以我每次都會自我反省，告訴自己：「不能因爲成見，就對別人這麼不客氣……」

有時會因為「成見」，錯過別人的建議與好意

就立場來看，來諮詢的人可說是形形色色。

這些人之中，如果有人在過去的互動裡做過以下的事：

● 從頭到尾只說別人的壞話，不斷發牢騷和埋怨，完全得不出結論。

● 只想隨便找個對象，宣洩自己對組織的不滿。

我就會做好「這次可能也會這樣」的心理準備。不過，這終究也是我個人的成見。在眞正聽完對方的話後，有些案例會出現新的發展。

「之前我本來都那麼想，不過這次我想這樣試試看。」

像這樣因爲過去的交流和互動，而無法在一開始以中立的態度聆聽，或是把優先順序往後排，甚至在途中打斷別人的情形，其實並不少見。

這對雙方來說只有壞處，一定要注意才行。

2 想跟不太親近的人拉近距離時

利用對話，讓對方打開話匣子

剛建立關係不久時，我們可能會感到迷惘。

「要聊些什麼話題才好呢？」

這時候最好一邊聆聽，一邊觀察對方的反應。

如果說話的人看起來很開心，就能讓對方更愉快地聊這話題。

例如，當聊到孩子或嗜好時，我們可以問對方：

「你可以說明那是什麼嗎？」

「你的孩子幾歲了？哦，正是可愛的年紀呢。」

如果能重點式地引導出對方感興趣的事物，就算不主動提供話題，雙方依然能相談甚歡，也可以幫助我們更了解對方。

等內心的距離縮短後，對方會連私人的事也告訴你

即使是第一次見面的人，我們也能靠著一邊觀察對方，一邊聆聽對方說話，讓彼此的感情變好。

以前有一次，我和某位三十出頭的女性初次見面。當我們聊到住處時，她表示自己婚期已近，準備要搬家，我就不假思索地說：

「恭喜妳了。」

但她聽了，表情卻有點悶悶不樂。

我問她是不是有什麼心事，她就吐露了眞心話。

「其實……不知道是不是因爲婚前憂鬱，我對結婚有點苦惱……」

「是嗎，原來妳有這樣的煩惱。如果不介意，可以把煩惱說給我聽嗎？」

我這麼回答後，就專心地聽了好一會兒。她說了很多，包括跟未

來婆家的人互動時感到不安，還有對於要搬到陌生環境一事也充滿不安等等。

我觀察她的表情和反應，引導她針對現在的話題，說出想表達的重點，同時一邊聆聽，一邊對她的話表示同感。

只要讓對方感覺到「這個人願意聽我說話，願意了解我」，對我們產生親近感的可能性也會提高。

後來我和那位女性也約好改天要再見面。

即使只是像這樣聽對方講話，也能拉近彼此內心的距離。

面對不善言辭的人，要先主動表現自我，再聽對方說話

跟不善言辭的人交談時，先主動分享自己失敗的經驗，敘述能增加親切感的故事，再來聽對方說話，也是一個不錯的方法。

如果我們表現得很緊張，對方也會感染到緊張的情緒。

爲了讓對方能輕鬆開口，我們要盡量找出某個「共通點」。以我來說，當得知對方的住處或嗜好等資訊時，我會刻意納入話題中。

設法讓對方敞開心扉，分享自己的事，也是主動聆聽的手法之一。

對於拿姓名當話題的建議

跟初次見面的人交換名片時，如果姓名的漢字令你印象深刻，把姓名當成話題進行聆聽，也是值得推薦的做法。

「○○小姐，妳的名字很美呢。」

「原來念法是這樣啊。我還第一次看到這麼念的人呢。」

除此之外，有很多人也樂意解釋自己姓名的由來。

例如有位男性名叫瑞穗。

假如我們先主動說：

「您的名字叫瑞穗啊。我還是第一次看到有男生叫這個名字呢。」

對方就會向你解釋：

「是啊。常有人以爲我是女生。其實我還在母親肚子裡時，父母曾以爲我是女孩。等我生下來後，就順理成章地叫這個姓名了。」

對很多人來說，姓名的由來都是很好聊的話題。

跟別人第一次見面時，也不妨刻意問問看吧。

3 跟情緒化的人交談時

透過聆聽保持距離，以免受對方的情緒左右

正如我之前強調的，若想建立良好的人際關係，不捲入對方的感情也是必要的條件。

最理想的態度，就是不制止、不壓抑對方的憤怒，但也不要被捲入。例如當對方說：

「你聽我說，我遇到了這種事，眞是有夠氣人的。」

我就會問：

「是什麼事讓你這麼生氣？」

然後從一開始就去聆聽對方。

等對方說完那件事後，我就展現出想更深入了解的態度。

「我知道了。那你可以告訴我，是因爲什麼狀況，事情才會變成那樣呢？」

而且每當對方開口時，我都會複誦一次重點。

「原來發生了這樣的事啊。」

這樣對方也會開始稍微整理自己的話，不會說得又臭又長。

總之首先要注意的，就是別被對方的話牽著鼻子走。

不必和對方的感情同步

說到不捲入對方的感情，重點就是不要一起變得情緒化。

這裡建議使用憤怒管理的手法之一「解壓咒語」（Coping Mantra）。之前我也介紹過，當我們感到煩躁時，要想著能讓內心恢復冷靜的語詞（片語）。例如在前面的場合中，我會告訴自己：

「憤怒是這個人的感情，不是我的感情。」

如果直接開口否定對方的感情：

「有必要那麼生氣嗎？」

有些人就會開始發脾氣，鬧彆扭。

「你又知道什麼了！」

當然我們也不必和對方的感情同步，同仇敵愾地說：

「遇到那種事，難怪你會生氣！」

只要冷靜地進行對話就好。

4 聆聽被憤怒沖昏頭，看不到解決對策的人說話時

記得讓對方的心面向未來

當別人來商量事情時，從一開始就要用有同理心的話來回應。

「說得也是。被別人那麼說，的確會傷心呢。」

「這樣啊，你不想被他們這麼說啊。」

「聽到這樣的評語，你一定很受傷吧。」

當有人來進行諮詢或尋求建議時，我都謹記一個原則，就是最終要讓當事人的心情面向未來。

我會一邊表示同感，一邊引導對方去思考未來。

「是嗎？那你想怎麼做呢？」

「接下來，你想怎麼做呢？」

所謂的憤怒管理，原本就是以解決問題爲目標的理論。

我們常會自問：

「爲什麼那個人要說那種話呢？」

「爲什麼事情會變成這樣呢？」

「爲什麼一定要說得這麼難聽呢？」

但憤怒管理的重點並非看向過去，追究原因，而是要掌握現狀，把目光聚焦在「今後該怎麼做」，選擇適當的行動。

所以，只要針對未來的解決方向，不斷地問對方：

「今後你覺得可以怎麼做？」

「要採取什麼方向，你才能接受？」

即使面對的是非常情緒化的人，也能敦促對方朝著有建設性的方向前進。

請對方思考最好的對策

每當有人來商量「那個人說了這種話」、「對方寄給我這種郵件」的問題時，他們都會說：

「聽到那種話，我覺得很受傷。」

「今後我也得繼續和他來往，該怎麼辦才好？」

但只要我冷靜地聽他們訴苦，他們的理性也會漸漸開始運作。

「我不能在信中回情緒性的字眼，也不能向對方抱怨……」

之後等問題獲得解決時，他們就會向我道謝：

「幸好有妳在，我才沒有在衝動之下回覆情緒性的內容。」

所謂的憤怒，是當我們懷著某種不滿，認爲「應該如此」的規矩被打破時，內心會湧現的感情。正因爲憤怒有這種性質，所以透過第三方的提問，敦促本人思考最好的對策，也是相當重要的。

「那麼，你本來是希望對方怎麼做呢？」

「你覺得有什麼是自己現在可以說，可以做的呢？」

只要這樣提問，並活用憤怒管理和主動聆聽的技巧，即使面對憤怒的求助者，也能讓問題獲得正面積極的解決

5 想巧妙地應付說話冗長的人時

先決定結束的時間，以免對方講太久

當我們必須和說話冗長的人互動時，事先預告結束時間也不失爲一種辦法。

例如有人來商量事情時，可以一開始就預告：

「我之後還有事情要辦，就講到○點○分，好嗎？」

先具體說出明確的時間，之後也比較方便說：「時間差不多了。」

如何應付說話太冗長的人

❶ 先預告結束的時間
→「時間差不多了……」
「只談到○點，對吧。」

❷ 想結束對話時，以道謝收尾。
→「總之就是○○，對吧。
謝謝你告訴我。」

隨著對象不同，有時對方自己也會提醒：

「只談到○點，對吧。」

所以這是非常有用的方法。

想結束對話時，就在「總之就是○○」後以道謝收尾

你有在開會或接受諮詢時，遇過遲遲無法結束對話的情況嗎？

這時候我們往往不知道該如何讓對話告一段落，也抓不到結束的時機。

所以我建議拋出這句話：

「總之就是○○，對吧。今天謝謝你告訴我。」

只要這麼說，就能以不失禮的方式，讓對話告一段落。

但假如對方又要開始說下去，你可以提醒對方：

「看來你還有很多話沒說完呢。可是很抱歉，時間有點晚了，今天就先到這裡吧。」

「我已經約好要和別人見面了，先在這裡告一段落吧。」

在不同行業的交流會上，有人會在交換名片後，開始滔滔不絕地談自己的事。遇到這種情形時，你可以說：

「很高興能和您交談。謝謝您的指教。」

然後以收起名片的動作表示到此爲止，效果也不錯。

只要事先準備收尾用的台詞，在遇到可能耽誤後面時間的情況時，就能派上用場。

6 如何面對說話內容太專業，讓你聽得一頭霧水的人

也有想聊專業話題的人

有人會不管對方是否聽得懂，自顧自地談論專業話題。

在談論專業話題時，會出現沒調查就無法充分理解的知識，有些專業術語也很難用聽的就辨認出來。

在使用專業術語的人之中，有人是沒發現別人聽不懂自己的用語，有人是為了刻意賣弄，不時在對話中穿插外文和專業術語，也有人使用艱深的詞語，是以為這樣能提高自己的權威性。

例如在四人小組中，有三個人以專業術語交談，導致第四個人被獨自拋下，跟不上大家的對話。以前也有人來問我：

「遇到這種情況時，該怎麼辦？」

記得以前參加研習時，我也聽過那一行的專業術語。

如果完全聽不懂他們在說什麼，我就會說：

「不好意思，我對這個行業的專業術語不熟。不介意的話，可以讓我邊聽邊確認嗎？」

然後坦率地把不明白之處一一問清楚。

有人聽了會說：

「這樣啊。眞是抱歉。」

在接下來的對話中，他們就會用淺顯的方式，細心地爲我補充說明。

對於提問，有人會覺得「這樣很難爲情」、「會給對方添麻煩」，但其實並不會。爲了正確理解對方的話，聆聽時坦白說出自己哪裡不懂很重要。

若想讓工作順利進行，有疑問就要提出，別坐視不管。這也是重要的技能。

坦率地聆聽和受教，再向對方道謝

有些人想藉由使用專業術語展現優勢，讓自己高人一等。這種人只要自尊心獲得滿足就會作罷，所以在聆聽的過程中，你也可以邊聽邊問：

「○○先生，不好意思，我學識不足，有很多術語都是第一次聽到。不介意的話，能否請您用我也聽得懂的方式說明呢？」

另外，一旦遇到以下情況：

- 「不理解這個會很困擾」的情形。
- 擔心在接下來的互動中可能產生誤會。

最好是當場就直接發問，請教後也要向對方說：

「謝謝您的指教。我又更了解一些了。」

這樣一來，以後的溝通也會進行得更順暢。

7 聽語速快又喋喋不休的人說話時

請對方稍微放慢說話的節奏

有些人說話速度太快，難以辨識，完全聽不懂他們想說什麼。如果旁人不制止，他們的說話內容會愈來愈分散。不先整理一遍的話，可能連我們也愈聽愈迷糊。

在商務的場合中，可以趁對方一口氣講到一個段落，正要喘口氣時麼拜託對方：

「不好意思，因爲我是邊聽邊寫筆記，可以請您把○○之後的部分再講一遍嗎？」

如何應付講話太快
讓人很難聽懂的人

○	×
●拜託對方放慢步調	●批評對方
「我想邊聽邊做筆記，可以請您說慢一點嗎？」	「是○○講話太快，所以我才跟不上。」「請先冷靜下來再說。」

「對不起。我想邊聽邊寫筆記，可以請您講得再慢一點，讓我能跟上您的速度嗎？」

把自己的說話節奏放慢

之前我說過，把附和的速度調得比對方慢一拍，讓對方的語速跟著變慢，也不失爲一種辦法。

若是配合對方，速度可能會愈來愈快。所以，你要刻意放慢速度回答：

「嗯，你說的沒錯。」

當然有時候，你也可以明確地告訴對方：

「請等一下。我理解的速度有點跟不上。可以請你再說一遍嗎？」

「對不起。我想好好理解這些內容，可以請你講得再慢一點嗎？」

不過，如果我們在這時說：

「是○○說話太快，我才跟不上。」

「請先冷靜下來再說。」

對方聽起來會覺得像在責備，最好克制一下。

萬一對方覺得我們在責備他，反駁道：

「我已經很冷靜了！」

有時可能會發展成無謂的爭執。爲了避免這種情況，只要表達自己的請求和期望就好。

以臨機應變的態度聽對方說話

在對話時，如果覺得「唯獨這個重點不強調不行」時，爲了保險起見，我們必須確認對方是否有正確理解。

首先要詢問對方：

「我可以針對自己在意的地方，再做一次確認嗎？」

接著就可以透過複誦等方式，仔細地掌握重點。

我還是二十出頭時，有一次和某位語速很快，方言口音極重的長輩互動。

後來我選擇先問對方：

「我可以針對自己在意的地方，再做一次確認嗎？」

得到同意後，我便透過慢慢複誦，向那位長輩做確認。

當時我們是用電話交談，要聽清楚更困難，於是我又問：

「非常抱歉，因爲在電話裡聽錯了會很麻煩，所以我想再確認一次商品編號、交貨期限和展覽名稱。等下我用傳眞機發確認用的通知給您，可以嗎？」

我就這樣反覆地再三確認。

到了現在，一般都是靠電子郵件聯絡，所以也可以改說：

「爲了怕以後出現誤會，可以讓我用郵件再確認一次嗎？」

只要用工具留存內容，因認知不同而產生糾紛的機率，也會大幅下降。

有時也必須聽聽就好

當對方說話飛快，聽不懂在說什麼時，辨認內容有困難時，或是說話結結巴巴，語焉不詳時，我們也可以選擇草草聽過就好。

以前我搭計程車時，有位年長的司機對我說了很多話。由於夾雜很多方言，口齒也不太清晰，所以我無法正確聽出內容是什麼。

不過這畢竟不是工作上的討論，只是跟司機閒聊，所以我就一直用「這樣啊」、「是」來回應。抵達目的地後，對話也隨之結束。

對某些人來說，或許這樣彼此會比較自在。

不過在工作場合中，當然還是要坦白告知對方：

「抱歉。爲了今後不產生誤會，可以再說一遍嗎？」

並且多加確認比較好。

請根據不同的場合靈活調整哦。

8 爲爭執中的雙方擔任仲裁者時

以中立的立場面對爭執的雙方

要介入爭執中的雙方時，最重要的是始終保持中立。

過程中切勿偏袒任何一方，也不要評斷誰是誰非。

之所以發生爭執，大多是因爲雙方的說詞有些歧異，參雜了各自的偏見。

當我以仲裁者的身分介入紛爭時，都會先聲明：

「這段時間不是要給你們互相埋怨，而是爲了讓雙方進行良好的溝通，讓關係更圓滑。」

我會一開始就講明三方聚集在這裡的目的，以及把時間設定爲一小時的原因。

「你們對彼此應該有很多誤解和牢騷吧。」

「或許好好溝通後，就會發現這一切只是誤會。這段時間不是要用來追究誰對誰錯，而是爲了讓雙方今後也能齊心協力，一起走下去。」

只要像這樣先把目的講清楚，就能防止對話朝沒有根據的陰謀論或詭異的方向偏離了。

首先要確認事實

當雙方發生爭執時，只要其中一方說出意見：

「可是，我完全沒有那種想法。」

另一方就立刻否定的情況，可說是司空見慣。

所以在調解的過程中，一旦感覺說話者要被打斷，第三方就得立刻介入，透過提醒敦促雙方仔細聽完對方的話。

「◯◯是那麼想的啊，不過還是先把話聽完吧。之後我們再來聽◯◯是怎麼想的。」

由此可見，要雙方把對方的話聽到最後，就是這麼困難的事。

仲裁者要整理對話的內容，引導出最佳答案

如果發現雙方各有誤解，或是冒出詭異的推論，就要把對話內容整理一下。

「原來A是想要這樣，B是想要那樣。在這次的討論中，你們雙方的誤會應該解開了吧。」

「經過整理後，我發現這裡有誤解。其實應該是這樣才對。」

「你們雙方想做的，以及要求對方做的，就是○○。」

經過整理後，就能讓雙方透過磨合達成共識，朝著解決的方向進行。

到了協調的最後，仲裁者還要提出對未來的期許，作為結尾：

「今後雙方如果都能這樣進行討論是最好的。」

總之仲裁者的責任，就是不加入自己的意見，專心負責統整。

無論如何，仲裁者都得徹底擔任整理內容，引導對話的角色。

在對話的過程中，一旦雙方開始計較哪邊對，哪邊錯時，仲裁者都必須負起將對話主軸導回正軌的責任，告誡雙方：

「我們還是先考慮接下來該怎麼做比較好吧。」

只要做到這一點，不論是在職場上，還是私生活，心理安全感都會提升，帶來正面的影響。

9 當你聽著聽著就怒火中燒時

一旦發怒，就是自己的損失

聽對方說話時，偶爾會有「這個人爲什麼能說出這麼自私的話……」「他爲什麼非得說得這麼過分……」之類的感覺。

愈是這種時候，就愈要活用憤怒管理的手法。

如果我們對別人的說詞表示憤怒，對方會覺得：「我話才講到一半，這個人就生氣了。」

當怒火攻心時，最好一邊聽對方說話，一邊把注意力轉移到其他地方。

在憤怒管理中，有一種名為「讓情緒著地」（Grounding）的手法。

只要怒火竄起，就試著把意識集中在五感上。

把注意力轉向其他地方，就能化解憤怒的情緒

比如說，因爲把意識轉移到視覺相對容易，所以要是眼前有個寶特瓶，就可以把注意力分散到瓶子上，看著標籤開始想：「這是哪個牌子？產地在哪裡？上面寫了好多成分……」其他還有「這枝筆因爲很常用，連這個地方都有傷痕」、「這個杯子是從什麼時候開始使用？」等等，總之只要把意識轉移到不同事物上，我們就能擺脫憤怒的漩渦，不會身陷其中。

這靠訓練就能辦到，請你也務必試試看。

本章重點

☑關係親密時，更不該帶任何「偏見」去聆聽

- 面對關係愈親密的人，愈容易帶著「這個人就是這種人」的偏見去聽他們說話。

☑聆聽因憤怒而看不到解決對策的人說話時

- 聆聽時，記得讓對方的心情面向未來。
- 請對方思考最佳的對策。

☑想巧妙地應付說話冗長的人時

- 明定結束的時間。
- 歸納說話內容。例如：「總之就是○○吧。今天謝謝你告訴我這些。」
- 明確地告知對方：「我已經跟下一個人約好了，先在這裡告一段落吧。」

☑聆聽語速很快，喋喋不休的人說話時

- 把自己說話及附和的步調放慢。
- 以做筆記為由，請對方放慢說話速度。
- 也可以活用傳真機或電子郵件。

☑以仲裁者的身分介入紛爭時

- 要始終保持中立。
- 敦促雙方仔細聆聽對方的意見。
- 記得在過程中整理雙方的對話，最後再提出對未來的期許作結尾。

後記

感謝各位把本書讀到最後。

這次我是以主動聆聽爲主題，講解「聆聽」的重要性和實踐方式。

相信很多人都或多或少有「沒有好好聽別人說話，結果以失敗收場」的經驗吧。

尤其累積了更多經驗和資歷後，像是「這時候只要給這種建議就好」、「對方想說的大概是這樣」之類的成見，就會發揮作用，讓你有時無法用眞摯的態度去聆聽。

我本身也是透過撰寫本書來反省自己。在內心沒有餘裕時，我也會無法認真聆聽身邊的人說話。

俗話說：「有話好說。」說話時，讓對方明白自己想表達的意思固然重要，但如果不先聆聽對方說話，就無法達成真正的互相理解。

尤其是聆聽身邊的人說話時，我們更該檢討自己是否能放下成見，認真聆聽。

希望在這個多樣化的時代，可以透過推廣主動聆聽，讓我們和周遭的人能更深入地了解彼此，工作和私人的人際關係也能變得更融洽。

寫作本書時，我受到多方的照顧。

首先要感謝的，是日經ＢＰ的細谷和彥先生。繼《憤怒管理》、《憤怒的處理方式大全（暫譯）》、《自信溝通》後，又再次承蒙他的邀稿。

再來要感謝的，是Silas Consulting公司的星野友繪女士。從我寫處女作開始，她就是我的出版事業夥伴，在這次撰稿也是全程陪同。

幸虧有這個團隊協助，我才能安心寫作，交出這本滿意的作品。

此外，我也要感謝我的丈夫和孩子。他們總是給我滿滿的支持。

二〇二三年九月

戶田　久實

作者簡介：戶田久實（Toda Kumi）

Adot Communication股份有限公司代表董事
一般社團法人日本憤怒管理協會理事
憤怒管理顧問
一般社團法人隱性偏見研究所認證訓練師

畢業於立教大學後，進入服部精工股份有限公司（現在的精工集團）工作，擔任研習講師。除了在銀行、保險、製藥、通訊、綜合貿易公司等大型民間企業及政府機構進行以「有效溝通」爲主題的研習和演講，同時也提供一對一諮詢服務，服務對象涵蓋新進員工和管理階層，範圍十分廣泛。擁有長達三十年的講師資歷。

著作眾多，包括《自信溝通》《憤怒管理》（以上書籍中文版為晨星出版）《憤怒的處理方式大全（暫譯）》（日本經濟新聞出版）《生氣時，還可以從容表達的人才厲害：60個衝突情境的說話術》（Kanki出版，台灣版由方智出版）等。

國家圖書館出版品預行編目資料

主動聆聽：人際管理三部曲. 3, 溝通的主導權,掌握在聆聽者手上 = Active listening / 戶田久實著 ; 謝如欣譯. -- 初版. -- 臺中市 : 晨星出版有限公司, 2024.12

面；公分. —（勁草生活；555）

譯自：アクティブ・リスニング：ビジネスに役立つ傾聽術

ISBN 978-626-320-973-2（平裝）

1.CST: 人際傳播 2.CST: 溝通技巧 3.CST: 人際關係

177.1　　113015678

勁草生活 555

主動聆聽（人際管理三部曲（3））：

溝通的主導權，掌握在聆聽者手上

アクティブ・リスニング ビジネスに役立つ傾聴術

作者 戶田久實
譯者 謝如欣
編輯 許宸碩
校對 許宸碩
封面設計 初雨有限公司（Ivy_design）
美術設計 曾麗香

創辦人 陳銘民
發行所 晨星出版有限公司
407 台中市西屯區工業 30 路 1 號 1 樓
TEL：（04）23595820
FAX：（04）23550581
https://star.morningstar.com.tw
行政院新聞局局版台業字第 2500 號
法律顧問 陳思成律師
出版日期 西元 2024 年 12 月 15 日　初版 1 刷

歡迎掃描 QR CODE
填線上回函

讀者服務專線 TEL：（02）23672044 /（04）23595819#212
FAX：（02）23635741 /（04）23595493
service @morningstar.com.tw
網路書店 https://www.morningstar.com.tw
郵政劃撥 15060393（知己圖書股份有限公司）

印刷 上好印刷股份有限公司

定價 350 元
ISBN 978-626-320-973-2